本格カレーとビリヤニ 最速レシピ

香取 薫

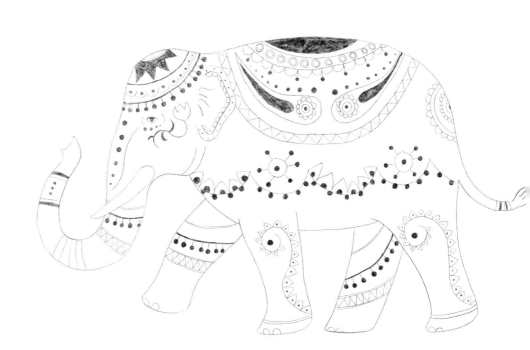

カレー

ビリヤニ

この本の決まり

◎ 調理時間は目安です。下ごしらえの時間は含みません。
◎ ビリヤニで使用する「厚手の鍋」は、熱伝導性・蓄熱性が高い、「ストウブ」や「ル・クルーゼ」の鋳物のほうろう鍋を想定しています。サイズは直径18cmを使用しています。
◎ フライパンはフッ素樹脂加工されたものを使用しています。
◎ 電子レンジは600Wのものを使用しています。500Wの場合は加熱時間を1.2倍にしてください。また、機種によって火の通りが異なるので、様子を見つつ調整してください。
◎ 大さじ1は15ml、小さじ1は5ml、1カップは200ml、1つまみは指3本でつまんだ程度の量です。
◎ レモン等の柑橘類はポストハーベスト農薬不使用のものを使ってください。

省いてよい手間とそうではないもの

～果たさなくてはならない約束ごとについて～

私がインド料理教室を始めたのはおよそ30年前のことでした。クミンやコリアンダー、ターメリックなどの基本的なスパイスも手に入りづらかったあのころ、インドの友人に送ってもらったスパイスは、税関で封が切られ、ごちゃごちゃに混ざった状態で届いたりしたものです。

キーマカレーを作ると、「じゃがいももにんじんも入っていないし、ドロッとしていないし、これはカレーじゃないですよ」なんて言われてしまったこともありました。ところが今は、学校給食でキーマカレーが出てくるそうです。ナーン（ナン）もスーパーで売られています。レシピ本がたくさん出版され、お店も増えて、「スパイスカレー」という言葉も生まれました。

私が伝えたいインド料理、それは「インドのお母さんの味」です。スパイスはそもそも漢方薬と同じもの。ささっと調合して家族の健康を守る料理を作る……そしてそれがものすごくおいしい！　ワザを伝え、そんなふうにレシピを自在に操ることができる人を増やして行くために、ずっとこの道で日々奮闘しているわけです。

入り口は、まず簡単であること。私も働く主婦の1人ですから、1分でも惜しいことはよくあります。けれど（ここが大切なのです）、おいしくなくてはいけません。物事には省いてよい手間とそうではないものがあります。これは、「果たさ

なくてはならない約束ごと」と言ってもよいかもしれません。約束ごとは、わからなかったら専門家や本にあたるのがいちばんです。スタートから自己流だと、50点のものは作れても、100点には手が届かなくなってしまいます。

そんな大事な勘所をしっかり示しつつ、できるところまで簡略化する。かならず正解の味ができるようにそれを伝える。この本ではそこに真剣に取り組んでみました。レシピのとおりの材料で、レシピのとおりに作ってみてください。

いちばん工夫をしたのは、玉ねぎ炒めをまとめてやってしまうこと。家庭にある鍋で、嫌にならずに炒められる量の玉ねぎを1回炒めれば、この本のレシピが6回作れます。冷凍保存ができるのもうれしいところ。

トマトも大半のレシピでは市販のトマトピューレを使います。この商品は便利ですが、時には生のトマトと使い分ける必要がありますし、量が難しい。でもここでは本のとおりに使っていただければ大丈夫です。

素材のあくや、スパイスとのなじみを、うまくターメリックに任せることも大事です。足りないと風味が出ず、入れすぎると泥臭くなりますし、タイミングを間違えると苦くなりますから、この本でのターメリック使いを参考にして、ぜひこの素晴らしいスパイスを使いこなしてほしいと思います。

難しいことはなにも書いてありません。最低限に必要なことをシンプルに、間違いなく。そしてできる限り手早く！　「こんなに早くできたのに、こんなにおいしい!」。そう思っていただければ幸せです。

香取　薫

最速のポイント

本書では、さまざまなテクニックを駆使することで、カレーは30分前後、ビリヤニは30〜50分程度で作れるようにしました。おいしさはそのままに、調理時間を短縮するためのテクニックをご紹介します。

1. 肉の選び方にもひと工夫

「時短」は食材選びから始まります。本書で多用している鶏手羽中は、火が入りやすく、うまみが出やすいというメリットがあります。鶏もも肉を使うレシピでは、「親子丼用」としてあらかじめ切り分けられた鶏肉もおすすめです。ビリヤニで使った牛さいころステーキ用肉も、火が通りやすく、また安価なので、手軽さに貢献しています。

2. 下味をつけて電子レンジ加熱

はじめに肉に下味をつけて、電子レンジで加熱するというプロセスが、本書では頻出します。これは長時間煮ることなく、味をしみ込ませるためのテクニック。仕上げにボウルの底を水に浸けておくのは、食材は15℃以下にすることによって味やスパイスの風味が入りやすくなるから。短時間で味をしみ込ませることができます。

3. 「ターメリック洗い」で味が入りやすく

魚介類などを、ターメリックを溶き混ぜた水ですすぐと、臭みがとれて、スパイスの風味が入りやすくなります。これはインド南部のケーララ州などで使われているテクニック。日本の食材にも応用してみたところ、とても便利なので、私はよく使っています。ごぼうなど、あくのある野菜にも有効です。

4. 便利な市販品は躊躇なく活用

本書ではカレーでトマトピューレ、ビリヤニでフライドオニオンの市販品を多用していますが、これによってかなりの時間が短縮できています。ほかにも変わり種としては焼きいもを活用したカレー（スリランカ風さつまいもカレー → p42）がありますが、本来、根菜類は火を通すのに非常に時間がかかるところを、このレシピならば20分で完成させることができます。

5. だしの素で味に厚みを出す

鶏がらスープの素や白だしは特にビリヤニでよく使っています。スパイスが主役のインド料理では、うまみは名脇役。市販品を活用しても、十分に料理をおいしくしてくれます。罪悪感なく、上手に使いこなしましょう。

6. 炒め玉ねぎはまとめて作って冷凍保存

カレーやビリヤニのおいしさのために、どうしても省けないのが炒め玉ねぎ。こればかりは時間がかかってしまうので、あらかじめまとめて作って、冷凍保存しておきましょう。使用する際は凍ったままでOK。作り方は p13 に。

材料について① ── スパイス

「赤唐辛子」としておなじみの、インド料理の辛さの源。油で炒めると、辛みとともにうまみが出る。本書ではホールは「赤唐辛子」、粉状のものは「レッドペッパー（パウダー）」と表記して、使い分けている。赤唐辛子は種は取らず、そのまま使う。

カレーの色のもとになっているスパイス。ショウガ科の植物の根茎をゆで、乾燥させて粉状にしたもの。脂溶性で、スパイスのまとめ役となる。本書では水に混ぜることで、魚介類の臭みとりや、野菜のあくとりにも活用している。ホールはなく、パウダーのみ。

料理のはじめに油に入れるスパイス＝スタータースパイスの代表格。独特の強い香りと甘みを油に移すことで、料理全体を華やかに彩る。ホールは「クミンシード」という商品名で売られていることもある。副菜やラーエターなどではローストして粉状にしたローストクミンパウダー → p13 を使っている。

おなじみの黒こしょうはインド料理でも大活躍。強い香りと刺激でアクセントとなる。本書ではホールもパウダーも使用する。パウダーとある場合は、市販のものでも構わないが、ミルで粗びきにしたものを使うほうがおいしい。

レッドペッパー
（赤唐辛子 [ホール] ／パウダー）

ターメリック

クミン
（ホール／パウダー）

ブラックペッパー
（ホール／パウダー）

インド料理の主役といえばやはりスパイス。数多くの薬効があり、組み合わせや配合によってさまざまなおいしさが生み出されます。本書ではスーパー等でも入手しやすいものに限って、レシピを組み立てました。主にこの8種類のスパイスと、たまに次のページのもう8種類のスパイスを使用しています。同じ名前のスパイスでも、種や実などをそのまま乾燥させた「ホール」と、粉状にした「パウダー」があって、それぞれ役割が異なり、レシピでも使い分けていますので、ご注意ください。

コリアンダー（パウダー）

またの名を香菜やパクチーともいうセリ科の植物の種子を粉状にしたもの。ホール（シード）もあるが、本書ではパウダーのみ使用している。オレンジのような柑橘系の香りがあり、素材の味を引き出してくれる名脇役。クミンと相性がよく、組み合わせて使うことが多い。

カルダモン（ホール）

「スパイスの女王」とも呼ばれるショウガ科の多年草の実。甘く、さわやかで、上品な香りがある。指先でさやに裂け目を入れてから使う。中から種が出てくるが、薄い茶色のものは未熟なものなので、多めに入れる。黒いものが成熟したもの。パウダーもあるが、本書ではホールのみを使用。

シナモン（スティック／パウダー）

製菓にもよく使われる、クスノキ科の常緑樹の樹皮のスパイス。同じシナモンでもスリランカ産のセイロンシナモンと中国原産のカシアがあり、前者は皮が薄く、繊細な甘い香りが特徴で、後者は肉厚で濃厚な香りが漂う。本書では主に後者を使っている。パウダーもよく使う。

ガラムマサラ

クミン、カルダモン、シナモンなどを配合したものなので、パウダーのみ市販。本来はそのつど配合するが、市販品はバランスよく混ぜ合わされている。ガラムは「熱い」、マサラは「ブレンドしたスパイス」の意。料理の仕上げに入れて、風味づけに使うことが多い。

パプリカ（パウダー） ／01

ハンガリーなどでも愛用されているスパイス。辛くない肉厚の唐辛子を乾燥させて粉状にしたもの。料理の色づけや風味づけに。

マスタードシード（ホール） ／02

クミンと同様、主に南インド料理で、スタータースパイスとして用いられることが多い。ナッツのような香りが特徴。油で熱すると弾けるので、鍋のふたなどで防ぐとよい。本来は写真のブラウンマスタードシードを使うが、イエローマスタードシードでも代用できる。

クローブ（ホール） ／03

フトモモ科の常緑樹の花のつぼみを乾燥させたもの。独特の強い香りがあり、肉と相性がよい。パウダーもあるが、ホールのみ使用。

フェンネル（ホール） ／04

セリ科の植物の種子。さわやかな甘い香りがあり、食後に、消化を助け、口の中をさっぱりさせるために食べることも。パウダーもあるが、本書ではホール（シード）のみ使用。

テージパッター（ホール） ／05

別名・インディアンベイリーフ。スーパーでも売られているローリエで代用もできるが、できればテージパッターを使ってほしい。

スターアニス ／06

中華料理などでは八角と呼ばれている。独特の甘い香りで、肉や魚によく合う。本書で「1かけ」とあった場合は、まるごと1個ではなく、8個の実のうちの1つを手で折って使用する。

ドライミント ／07

刺激的でさわやかな香り。鶏肉に合わせると臭みをおさえて、よい引き立て役に。本書では「ミントチキンカレー → p22」で使用。

ホワイトペッパー ／08
（パウダー）

ブラックペッパーはこしょうの実をまるごと乾燥させたもので、こちらは果皮を取り除いてから乾燥させたもの。おだやかな辛さと香りがあり、魚と好相性。ブラックペッパーとは使い分ける。ホールをひいても、市販のパウダーでもOK。

ハーブなど

生の植物の香りや辛みはまたとない料理のアクセント。本書で主に使うのはこの3種類。できるだけ新鮮なものを選んでください。

ミント

葉を摘んで使用。清涼感ある香りで、香菜といっしょに、仕上げのトッピングなどに使われることが多い。ペパーミントとスペアミントがあるが、ペパーミントがおすすめ。

青唐辛子

唐辛子が熟す前に収穫されたもので、ぴりっとした瑞々しい辛さがある。「グリーンチリ」とも呼ばれる。種ごと小口切りにして使うことが多い。ししとうでも代用可。

香菜

コリアンダー、パクチーなどとも呼ばれ、世界中で親しまれているハーブ。カレーやビリヤニでは仕上げのトッピングなどに使われることが多い。

材料について③ ──

ギー

ギーは医療用にも食用にも使われる、インドの伝統的な油脂。バターで代用することもできますが、一般的なバターから手作りすることができ、半年ほどは保存できるので、ぜひ作ってみてください。市販品もありますが高価です。

材料 （作りやすい分量）

バター（食塩不使用）　450g　a

作り方

1. 厚手の鍋にバターを入れて中火で熱し、完全に溶けたらごく弱火にして、混ぜずにそのまま約30分煮る。b、c

2. 表面の泡が小さくてきめ細かくなり、よい香りがしてきたら、へらなどで泡を端に寄せて、中の状態を確認する。よく澄んで、底に茶色いたんぱく質が沈んでいればOK。d、e

3. 不織布のキッチンペーパーを敷いたざるに上げてこし、ふたつきの耐熱容器に移して、そのままおいて粗熱をとる。冷めたらふたをし、常温で保存する。f、g、h

NOTE

◎ 完全に水分や不純物が除去されていれば、腐る要素はないので、常温の涼しいところで半年ほど保存できる。冷蔵室に入れると温度差で結露して、水滴が落ち、腐敗のもとになるのでNG。

◎ 万が一かびのようなものが生えてきたら捨てる。保存するのは中が見えるガラス容器がおすすめ。

◎ 調理道具はよく乾いた清潔なものを使うこと。雑菌が入り込むと腐ってしまう。

a

多いと思うかもしれないが、これ以下の量だと焦げやすい。このまま鍋に入れてよい。

b

すべて液体になったらごくごく弱火にする。

c

しばらくすると固い泡が出てくるが、特になにもせずに、そのまま加熱し続ける。

d

これくらいの泡の小ささが目安。

e

写真だと見えづらいが、茶色い澱のようなものが鍋底に沈んでいる。

f

「不織布のキッチンペーパー」は目が細かい「リード クッキングペーパー」などのこと。

g

この茶色い固形物はたんぱく質などが凝固したもの。

h

寒い季節は常温まで冷めると右のように固まる。衛生状態に気をつけて保存を。

材料について④ —— 炒め玉ねぎ

炒めた玉ねぎは多くのインド料理に必須の食材。なんともいえない甘みが出て、料理を底支えしてくれるのです。6等分にしたものを本書では「1かけ」と表記しています。

作り方

1. 厚手の鍋やフライパンにサラダ油とバターを入れて強火で熱し、バターが溶けたら玉ねぎ、にんにく、しょうがを加え、15分炒める（焦がしてしまいそうなら中火で倍の時間炒める）。a

2. 玉ねぎが色づき始めたらへらで切るようにしながら20～25分炒める。鍋底に焦げがついていたら水少々（分量外）を加え、ふやかしながらはがす。b

3. 玉ねぎの色が濃くなり、300gほどになったらできあがり。バットに移して粗熱をとり、ジッパー付き保存袋に入れ、6等分になるよう溝をつけて、冷凍室で保存する。c、d

NOTE

◎ 冷凍した場合、凍ったままの状態で調理に使ってよい。混ぜたりするうちに自然と解ける。冷蔵保存の場合は1週間ほどが目安。
◎ 鍋やフライパンは蓄熱性の高い厚手のものがおすすめ。
◎ 新玉ねぎで作る場合は900gほどを使う。

材料 （6回分）

玉ねぎ　3個（750g）
　▶縦に薄切りにする
にんにく　3かけ（30g）
　▶薄切りにする
しょうが　3かけ（30g）
　▶みじん切りにする
バター（食塩使用）　30g
サラダ油　100mℓ

最初はかなりかさがある。大変だがへらで混ぜ続けて。

このくらいの色になったらかたまりをつぶすように切る。

しっかりと色がつき、細かくなったらできあがり。

溝をつけて冷凍しておくと、1かけがパチッと折れる。

材料について⑤ —— ローストクミンパウダー

市販のクミンパウダーよりも風味が強く、加熱しない料理に使います。主にビリヤニのラーエターやチャトニーで使用。

作り方

1. フライパンを中火で熱し、クミンを入れて煎る。煙が出てきたら弱火にし、クミンが色づいてきたら火を止め、余熱でさらに煎る。数粒食べてみて、香ばしく、カリッとしていればOK。

2. 温かいうちにまな板などに広げ、めん棒でひく（すり鉢ですったり、ミルでひいたりしてもよい）。

NOTE

◎ 完全な粉末にせず、粗びきにしてもおいしい。
◎ 保存容器に入れて常温で2か月程度保存可能。

材料 （作りやすい分量）

クミン（ホール）　大さじ2～3

米とナーン

インド料理で主食といえば米かパン。主に南インドでは米が食され、北インドでは小麦で作られたパンが一般的です。本書では米はインディカ米と日本米を使い、パンは日本でおなじみのナンを使いました。カレーにはお好みのものを合わせてください。

インディカ米 （バスマティー米）

実は世界で食べられてる米の大半はインディカ米。細長くて、日本米のような粘り気はなく、ぱさっとした食感が特徴。本書ではそのなかでも高級種とされるバスマティー米を使用した。独特の香ばしさがあり、カレーに合わせても、ビリヤニにしても、抜群においしい。日本米のように長時間の浸水はしない。

日本米

本書で紹介するすべてのカレーは日本米のご飯に合わせてもおいしい。強い粘り気のある日本米でビリヤニを作るのはなかなか難しいが、本書では「日本米で作るベンガルのチキンビリヤニ →p82」といったレシピも提案しているので、ぜひ試してみてほしい。

ナーン （ナン）

実はインドではあまり食べられていないナーンだが、日本では市販品も入手しやすいことから、本書では採用した。おいしく食べるためのリベイクの方法をp27で紹介しているので参考にしてほしい。実際にインドで一般的なパン類はチャパーティーやバトゥーラなど。米粉で作るドーサも人気。

カレー

Curry

करी

سلان

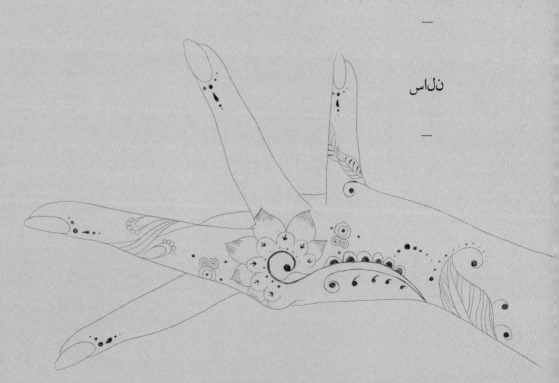

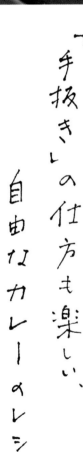

「手抜きの仕方も楽しい、自由なカレーのレシピ

カレーのレシピは星の数ほどありますが、私は「スパイスを使って料理されたもの」は、なんでもカレー料理だと思っています。インド亜大陸からイギリスへと渡り、カレー粉が発明されて、欧風カレーが誕生。東へも伝わり、固形ルーをベースとしたカレーは、日本の大衆食になりました。その豊かさたるや。

カレーは人を魅了します。そしてとても自由な料理です。「これがカレーだ」と言いきった途端に間違いになるくらい、そこにはバリエーションがあります。ウンチクに凝り固まる必要はないですよね。スパイスを使う食には「薬効」という素晴らしい強みがありますから、暑すぎたり、雨が降りすぎたりする気候のなかで、「心地よく」「食欲を刺激し」「元気になる」ような料理が、各地でたくさん生まれたのでしょう。

「この草の実を干しておくと刺激的でおいしいね」「この木の皮は甘い香りでうっとりするよ。肉と食べると胃がもたれないよ」「その実はかじると気分がスッキリするから今度それも足してみようかな」

そうして活用法が伝播していったのかもしれません。カレーの始まりを考えるとワクワクします。

そこに加えて、宗教が食事のなかにルールを作ることもありました。例えば菜食／非菜食の違いや、食べてはいけない肉など。稲作地域なのか麦食（パン）地域なのかも分岐点。刺激だけではなく、こくやうまみに貢献する乳製品は、冷蔵ができなかった時代には保存が大問題でしたから、バターやミルクを上手に

生かすのか、はたまたココナッツミルクに頼ることになるのかも、大きな違いとなってレシピに関わってきます。制限やタブーが生まれると、進化はその土地でいったん止まって、今度は発酵し始めてて、深くなって行きます。

けれど時代とともに世界は融合し、混ざり合います。ここで忘れてはいけないのが大航海時代。いきなり世界がかき混ぜられて、唐辛子やこしょうが各地に行き渡りました。その後、トマトやじゃがいもなど、あらゆる国の食を豊かにした素材が追いかけて広まって、世界中で現在の食の形が完成して行きます。その前の時代はというと、韓国にもインドにも中国の四川にも唐辛子はなかったわけですし、たとえばヨーロッパ人は、塩をふって焼いていた肉に初めてこしょうを使ったとき、味の劇的な変化にさぞびっくりしたことでしょう。

この本では、炒めた玉ねぎのストックを使って、どこまでバリエーションができるかに取り組みました。ごく基本的な人気カレーもありますし、日本の冬にもおいしいものや、缶詰を使ったもの、煮もののようなカレーやらいろいろと。それらにぴったりの副菜もあります。手間のかかるナッツペーストの代わりにピーナッツバターを使ったり、調合して混ぜたら加熱するだけだったりと、その手抜きの仕方も楽しんでください。

インドの各地方やネパール、スリランカ、アジア、あちこちのテクニックをひっぱり出してとびきりのおいしさにしてあります。共通するのは「時短」です。忙しいけれどおいしいものには目がない人たちのために、グレードを保てるギリギリでレシピ化した、自由な楽しいカレーです。

クイックチキンカレー

Quick Chicken Curry → **p20**

クイックチキンカレー

日本で最初に紹介されたインド料理はチキンカレーでした。今でももっとも人気のあるカレーだと思います。通常は1時間ほど煮込みますが、材料を順に入れて煮るだけで、わずか20分ほどで作れるのは、あらかじめ作っておいた炒め玉ねぎの中にすでにうまみとこくが凝縮されているから。トマトの酸味でメリハリが利いて、大人も子どももおいしく食べられることでしょう。

Spices
☐ **レッドペッパー**（パウダー）
☐ **ターメリック**
☐ **クミン**（パウダー）
☐ **コリアンダー**（パウダー）
☐ **ガラムマサラ**
☐ **パプリカ**（パウダー）

材料 （2〜3人分）

鶏もも肉　250g
　▶2cm角に切る　a
香菜（粗みじん切り）　適量
炒め玉ねぎ → p13　1かけ
トマトピューレ　大さじ3
ココナッツミルク　大さじ3
ガラムマサラ　小さじ1/2
熱湯　300mℓ

A
　レッドペッパー（パウダー）　小さじ1/2
　ターメリック　小さじ1/2
　クミン（パウダー）　小さじ1/2
　コリアンダー（パウダー）　小さじ2
　パプリカ（パウダー）　小さじ2/3
　塩　小さじ1

a

作り方

1.

ベースを作る

鍋に炒め玉ねぎ、トマトピューレ、ココナッツミルクを入れて混ぜ、中火で熱する。

炒め玉ねぎは冷凍保存していた場合、凍ったまま入れても構わない。

うっすらと煙が出るくらいまで加熱する。

2.

スパイスを加える

Aを加え、1分炒める。

スパイスは混ぜ合わせておく必要はない。ただしきちんと計量はして、1つの器にまとめておく。

スパイスに熱を入れて、風味を立たせつつ、ほかの材料となじませて行く。

3.

具を加える

鶏肉を加え、2分炒める。

肉は下味をつけつつ最初に入れることもあるが、このレシピでは下味なしでさっぱりと仕上げる。

このあと煮るので、完全に火を通す必要はない。8割くらいでOK。

4.

水分を加える

熱湯を加え、煮立ったらふたをして弱火にし、15分煮る。

冷たい水を加える場合もあるが、それはこの時点で肉に完全に火が通っているレシピのとき。ここではまだ完全に火は通っていないので、熱湯を加える。

ふたをして煮て、味をなじませる。

5.

トッピングをする

ガラムマサラをふり、器に盛って、香菜を散らす。

トッピングによってメリハリが出る。ガラムマサラは最後にふることで、より強く風味を感じることができる。

NOTE

◎ 鶏肉の代わりに肉だんごやつみれを入れてもおいしい。

ミント チキンカレー

ミントのおかげで、油分を感じさせないさっぱりとした仕上がりになり、胃もたれしません。日本のインド料理店ではあまり見かけない、新しい味ではないでしょうか。肉の下準備をしたら、あとは材料を順に入れて行くだけ。カルダモンとの相性もよく、リラックスするカレーです。

Spices
☐ レッドペッパー (パウダー)
☐ ターメリック
☐ ブラックペッパー (パウダー)
☐ コリアンダー (パウダー)
☐ カルダモン (ホール)
☐ シナモン (パウダー)
☐ パプリカ (パウダー)
☐ ドライミント

材料 (2〜3人分)

鶏もも肉　250g
　▶2cm角に切る
トマト　1個
　▶ざく切りにする
ミントの葉　適量
ブラックペッパー (パウダー)　小さじ1/3
サラダ油　大さじ1

A
　玉ねぎ (すりおろし)　大さじ1
　炒め玉ねぎ → p13　1かけ
　カルダモン (ホール)　2個
　　▶さやを割る　a
　ドライミント　小さじ1
　塩　小さじ1/2

B
　レッドペッパー (パウダー)　小さじ1/4
　ターメリック　小さじ1/2
　コリアンダー (パウダー)　小さじ2
　シナモン (パウダー)　小さじ1/5
　パプリカ (パウダー)　小さじ1
　塩　小さじ1

作り方

1. 耐熱性のボウルに A を入れて混ぜ、鶏肉を加えてよく絡める。鶏肉をボウルの側面に広げるように並べ、ラップをして電子レンジで2分加熱する。軽くほぐし、ボウルの底を水に浸けて、粗熱をとる。b、c

2. 鍋にサラダ油を入れて中火で熱し、1の鶏肉を加えて炒める。表面に焼き色がついたら B を加え、1分炒める。d

3. トマトを加え、1分炒める。

4. 水200㎖ (分量外) を加え、煮立ったらふたをして弱火にし、15分煮る。

5. 器に盛り、ブラックペッパーをふって、ミントの葉をのせる。

NOTE

◎ 市販のドライミントはざらっとしたタイプと粉末タイプとがあるが、どちらを使っても問題ない。

カルダモンはへたがある尖ったほうを下、丸みのあるほうを上にして、さやの中央あたりに爪を入れて縦に裂く。

短時間のうちに味をしっかりしみ込ませることができる。

冷やすのは肉を15℃以下にすると味が入りやすくなるから。

あとで煮るので、ここで完全に火を通す必要はない。

Quick Keema Curry → **p26**

クイックキーマカレー

大根のティチョニ

Radish Salad → **p27**

クイックキーマカレー

食べやすいキーマカレーは日本で大人気。はじめにクミンを香り高く炒めることができれば、あとは材料を順次炒めて行くだけで、おいしく仕上がります。インディカ米にも日本米にもナーンにも合いますから、お好みのものを添えてください。冷凍しても味が落ちないのもうれしいところ。

Spices
☐ **レッドペッパー** (パウダー)
☐ **ターメリック**
☐ **クミン** (ホール)
☐ **ブラックペッパー** (パウダー)
☐ **コリアンダー** (パウダー)
☐ **ガラムマサラ**
☐ **パプリカ** (パウダー)
☐ **クローブ** (ホール)

材料 (2～3人分)

豚ひき肉　150g
トマト　小1個
　▶8等分のざく切りにする
グリーンピース (冷凍)　1/2カップ
香菜　適量
クミン (ホール)　小さじ1/2
しょうゆ　小さじ2/3
サラダ油　大さじ1
A
　炒め玉ねぎ → p13　1かけ
　トマトピューレ　大さじ3
　にんにく (すりおろし)　小さじ1/2
　しょうが (すりおろし)　小さじ1/2
B
　レッドペッパー (パウダー)　小さじ1/3
　ターメリック　小さじ1/2
　コリアンダー (パウダー)　小さじ2
　パプリカ (パウダー)　小さじ2/3
　クローブ (ホール)　3粒
　塩　小さじ2/3
C
　ブラックペッパー (パウダー)　小さじ1/2
　ガラムマサラ　小さじ1/3

作り方

1. ボウルに豚ひき肉と **A** を入れ、よくもんで混ぜる。a

2. 鍋にサラダ油を入れて中火で熱し、クミン数粒を加えて、泡が出てきたら残りのクミンを加え、色がついて香りが出るまで炒める。b

3. 1のひき肉をほぐしながら加えて炒め、半分ほど火が通ったら **B** を加えて混ぜ合わせ、1分炒める。c

4. トマト、グリーンピース、しょうゆを加え、ざっと混ぜる。

5. 水200㎖ (分量外) を加え、煮立ったらふたをして弱火にし、20分煮る。

6. 器に盛り、**C** をふって、香菜をのせる。

NOTE

◎ ペンネなどのパスタに合わせてもおいしい。

a

手を汚したくなければ、ポリ袋に材料を入れてもみ込んでもOK。

b
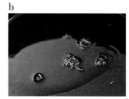
油に香りをつけるプロセス。焦がさないよう注意。クミンはこのように使うことが多い。

c

色がわかりづらいが、肉がまだ半分ほど生っぽい状態で、スパイスを加える。

大根のティチョニ

北インドの、冬は雪深くなる地方のサラダ的な副菜。「ティチョニ」とは「砕く」の意で、たたいた大根に味を含ませる、カレーの副菜にちょうどよい料理です。辛みや油分がリセットされます。

材料 (作りやすい分量)

大根　15cm
　▶皮をむき、長さ5cmに切ってから、2cm角の棒状に切る
ローストクミンパウダー　→p13　小さじ1/3
A
| にんにく（すりおろし）　小さじ1/5
| 青唐辛子　1/2本（またはししとう2本）
| 　▶冷凍して、すりおろす　a、b
| 塩　小さじ1/3
| 　▶混ぜ合わせる

作り方

1. 厚手の保存袋などに大根を入れ、めん棒などで袋の上から叩いて大きめにつぶす。c

2. Aを加え、よくまぶす。器に盛り、ローストクミンパウダーをふる。

まずにんにくをすり、その上から青唐辛子をすりおろして、その上から大根2切れくらいをすりおろすと、すべてきれいに取れる。

びんの底などでも可。

市販のナーンのリベイク

インドでは伸ばした生地に水を塗り、「タンドール」という窯の内側に張りつけて焼くものです。しっとりさせてから食べましょう。

1. ナーンを水にくぐらせる。a

2. フライパンを中火で熱し、ナーンを入れて両面に軽く焼き色をつける。b

3. ギー → p12（またはバター）適量を上面に塗る。c

夏野菜の キーマカレー

「クイックキーマカレー」と同様、隠し味にしょうゆを使っています。実はしょうゆは手軽にうまみを加えられて、大豆由来のためにベジタリアン向けにも使えることから、インド人シェフのあいだで流行中なんです。

Spices
☐ レッドペッパー（パウダー）
☐ ターメリック
☐ クミン（ホール）
☐ ブラックペッパー（パウダー）
☐ ガラムマサラ

材料 （2〜3人分）

豚ひき肉　150g
ズッキーニ　小1本（100g）
　▶2cm角に切る
枝豆（固ゆで）　正味1/2カップ
パプリカ（黄）　1/2個
　▶1cm角に切る
トマト　小1個
　▶6等分のくし形切りにする
しょうが（すりおろし）　小さじ1
炒め玉ねぎ → p13　1かけ
クミン（ホール）　小さじ1/2
ブラックペッパー（パウダー）　小さじ1/3
サラダ油　小さじ2＋小さじ1
A
　レッドペッパー（パウダー）　小さじ1/2
　ターメリック　小さじ1/2
　ガラムマサラ　小さじ2
　塩　小さじ1
B
　トマトピューレ　大さじ2
　しょうゆ　小さじ1

作り方

1. 鍋にサラダ油小さじ2を入れて中火で熱し、ズッキーニ、枝豆、パプリカ、しょうがを加えて4分炒め、いったん取り出す。a

2. 同じ鍋にサラダ油小さじ1を入れて中火で熱し、クミン数粒を加えて、泡が出てきたら残りのクミンを加え、色がついて香りが出るまで炒める。

3. ひき肉をほぐしながら加えて炒め、半分ほど火が通ったらAを加えて混ぜ合わせ、1分炒める。b

4. 炒め玉ねぎを加えてざっと炒め、さらにBを加えて1分ほど炒める。

5. 水200ml（分量外）を加え、煮立ったらふたをして弱火にし、10分煮る。

6. 1の野菜とトマトを加えて3分煮、ブラックペッパーをふる。

a
野菜はほぼ均等な大きさに切って炒める。いったん取り出すのは食感を残すため。

b
色がわかりづらいが、肉がまだ半分ほど生っぽい状態で、スパイスを加える。

NOTE

◎ 枝豆は市販の冷凍食品でも構わない。

クイックえびカレー

Quick Shrimp Curry → **p32**

Seri Sabji → **p33**

せりのサーグ

クイックえびカレー

東インドでよく見られるスタイルのカレー。酸味と辛みのバランスが絶妙です。酸味の源となるのは、本来ならばタマリンドなのですが、ここではねり梅で代用。これがうまくはまって、ほんの20分でおいしく作ることができました。むきえびの代わりに大正海老やブラックタイガーを使えばごちそうになります。もちろん冷凍のむきえびでも、ターメリック水で洗えば、臭みがとれて、スパイスとよくなじみ、おいしく作ることができます。

材料 (2〜3人分)

むきえび（中）　160g
　▶背わたを取り、酢小さじ1とターメリック小さじ1/2を加え混ぜた水500ml（すべて分量外）で洗い、ざるに上げて水けをきる　a、b
ねり梅　小さじ1強
鶏がらスープの素　小さじ1
ブラックペッパー（パウダー）　小さじ1/4
A
　トマト　小1個（150g）
　　▶ざく切りにする
　炒め玉ねぎ → p13　1かけ
　トマトピューレ　大さじ1
　赤唐辛子　1本
　　▶種ごと手で細かくちぎる
　ターメリック　小さじ1/2
　コリアンダー（パウダー）　小さじ1
　シナモン（パウダー）　2つまみ
　マスタードシード　小さじ2/3

作り方

1. フードプロセッサーにAを入れ、なめらかになるまで攪拌する。c

2. 鍋に1を入れて中火で5分熱し、水分がなくなって油がしみ出てきたら、水300ml（分量外）と鶏がらスープの素を加える。煮立ったら弱火にし、5分煮る。d

3. ねり梅を加えてよく混ぜ、さらにえびを加えて中火にし、2分煮る。えびに火が通ったらブラックペッパーをふる。

NOTE

◎ ねり梅の代わりにたたいた梅干しの梅肉1個分でもOK。

ターメリックで臭みがとれて、えびに味が入りやすくなる。

水けをよくきること。拭き取る必要はない。

攪拌後の状態。ここにおいしさが凝縮されている。

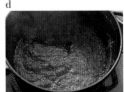
このくらいの質感になったら水を加える。焦がさないように気をつけて。

せりのサーグ

「サーグ」というのは青菜の総称、または青菜の料理のこと。これはヒマーラヤより北の寒い地方のクレソンで作る料理をアレンジしたものです。サラダよりはしっとりとし、炒めものよりはしゃっきりした食感。にんにくはごく少量にし、水が出てくる前に火を止めることがこつで、あっというまにできあがります。

材料 (2人分)

せり　2束(200g)
　▶長さ3cmに切り、茎と葉は分けておく
にんにく (みじん切り)　小さじ1/4
ターメリック　小さじ1/4
クミン (ホール)　小さじ1/2
サラダ油　大さじ1
A　▶混ぜ合わせる
│レッドペッパー (パウダー)　小さじ1/4
│塩　小さじ1/4

作り方

1. フライパンにサラダ油を入れて中火で熱し、クミン数粒を加えて、泡が出てきたら残りのクミンとにんにくを加え、ともに色づいて香りが出るまで炒める。

2. ターメリックを加えてひと混ぜし、強火にしてすぐにせりの茎を加え、10秒ほどで全体をよく絡める。火を止め、せりの葉とAを加え、ざっと混ぜる。a

a

NOTE

◎ せりの代わりにクレソン、小松菜、空心菜、タアサイで作ってもおいしい。ただし水菜はやわらかすぎて不向き。

鮭缶の
南インド風カレー

South Indian Style Salmon Curry → **p36**

じゃがいもの
ごまサブジ

Sesame Potatoes → **p37**

鮭缶の南インド風カレー

トマトの酸味、青唐辛子の辛み、ココナッツミルクの甘みを合わせ、マスタードシードで仕上げる南インド風の味。カレーに魚を使うときは油で揚げることが多いのですが、鮭缶を使えば問題なし。気になる臭みはターメリックとギーで下処理をすることで、上品に仕上げることができます。

Spices
☐ 赤唐辛子
☐ ターメリック
☐ ブラックペッパー (パウダー)
☐ カルダモン (ホール)
☐ シナモン (スティック)
☐ マスタードシード

材料 (2〜3人分)

鮭水煮缶　1缶 (300g)
鮭中骨水煮缶　1缶 (150g)
トマト　1/2個
　▶6等分のくし形切りにする
青唐辛子　1本
　▶小口切りにする
炒め玉ねぎ　→p13　1かけ
ココナッツミルク　80㎖
赤唐辛子　1本
マスタードシード　小さじ1/3
サラダ油　小さじ2
A
｜しょうが (すりおろし)　小さじ1
｜ターメリック　小さじ1/3
｜ブラックペッパー (パウダー)　小さじ1/2
｜カルダモン (ホール)　2個
　｜▶さやを割る
｜シナモン (スティック)　3㎝
｜塩　小さじ2/3
B
｜ギー　→p12　大さじ1
｜塩　小さじ1/4

作り方

1. 鍋に炒め玉ねぎと **A** を入れて中火で熱し、玉ねぎが温まったら弱火にして2分炒める。

2. ココナッツミルクを加え、3分煮る。

3. 水150㎖ (分量外) を加え、煮立ったらさらにトマトと青唐辛子を加え、3分煮て火を止める。

4. ざるに鮭缶と鮭中骨缶を上げ、ターメリック小さじ1を加え混ぜた水200㎖ (ともに分量外) をかけてすすぐ。耐熱性のボウルに移し、**B** をのせ、ラップをして電子レンジで2分加熱する。a、b

5. 3の鍋に4を加える。

6. 小さなフライパンにサラダ油を入れて中火で熱し、マスタードシード数粒を加える。弾け始めたら残りのマスタードシードと赤唐辛子を加え、弾ける音が収まってきたら5の鍋に加える。c、d

NOTE

◎「鮭水煮缶」は鮭の身のみのもの、「鮭中骨水煮缶」は中骨 (背骨) も含むもの。ともにスーパー等で入手可能。なるべくくずさないように調理すること。

a 「クイックえびカレー」と同じ下処理。鮭の身がくずれやすいのでかけるだけにする。

b 鮭にギーのこくが加わる。

c 油にスパイスの香りを移すことを「タルカ」という。跳ねるときはふたなどでガードする。

d カレーに強いこくが加わって、さらにおいしくなる。

じゃがいものごまサブジ

「サブジ」というのは野菜を具にしたスパイス料理の総称。ごまはインドでもよく使われる食材で、意外とスパイスに合います。

材料 (2人分)

じゃがいも　2と1/2個 (350g)
　▶2cm角に切り、さっと水で洗って、ざるに上げる
ギー → p12　小さじ2
サラダ油　大さじ1
A
| ターメリック　小さじ1/3
| 塩　小さじ1弱
B
| 黒すりごま　大さじ1
| 白すりごま　大さじ1
| ホワイトペッパー (パウダー)　2つまみ
| 砂糖　1つまみ

作り方

1. 鍋にサラダ油を入れて中火で熱し、じゃがいもを加えて1分炒める。表面が透きとおってきたらAを加え、2分炒める。a、b

2. 水100mℓ (分量外) を加え、煮立ったらふたをし、弱火にして12分煮る。

3. 水分がほとんどなくなり、じゃがいもが煮くずれる直前の状態になったらギーを加えてざっと混ぜ、さらにBを加えて、よく混ぜる。c

このあと煮るので完全に火を通す必要はない。

Aを加えて炒め終わった段階で鍋底に焦げがあれば、少量の水を何回かに分けて加えてからこそげ取っておく。

仕上がりは水けがほとんどない状態。ごまを加えて完成。

NOTE

◎ 白ごまと黒ごまの両方を混ぜて、風味豊かに仕上げる。

牡蠣カレー

1998年に「NHKきょうの料理大賞」をいただいたレシピ。今でも私の教室の一番人気で、プロとして仕事を始めるきっかけになった料理です。ここでは粉山椒をかけてアレンジしていますが、また新たなおいしさが生まれました。このカレーではカリッと焼いた牡蠣と、トマトの酸味がポイント。小さめのミニトマトを使って、煮くずれる前に火を止めます。

Spices
☐ レッドペッパー（パウダー）
☐ ターメリック
☐ ガラムマサラ
☐ 粉山椒

材料 （2〜3人分）

牡蠣　8〜10個（200g）
▶ ざるに上げ、流水でよく洗ったあと、ターメリック小さじ1を加え混ぜた水200㎖（ともに分量外）をかけてすすぎ、水けをきる　a
ミニトマト　6個
大葉（せん切り）　適量
みょうが（薄切り）　適量
炒め玉ねぎ → p13　1かけ
粉山椒　小さじ1/2
小麦粉　適量
バター　大さじ1強＋小さじ2
熱湯　250㎖
A
｜ レッドペッパー（パウダー）　小さじ1/4
｜ ターメリック　小さじ1/2
｜ ガラムマサラ　小さじ1
B
｜ 削り節　1パック（3g）
｜ 白だし　小さじ2
｜ しょうゆ　小さじ2

作り方

1. 鍋に炒め玉ねぎを入れて中火で熱し、玉ねぎが温まったらAを加え、30秒炒める。

2. ミニトマト、熱湯、Bを加え、煮立ったら弱火にし、6分煮る。

3. フライパンにバター大さじ1強を入れて中火で熱し、少し焦げ始めたら牡蠣に小麦粉をまぶして加える。焦げ目がついてカリッとしたら裏返し、バター小さじ2を足して同様に焼く。b、c、d

4. 2を器に盛って3を加え、粉山椒をふり、大葉とみょうがをのせる。

NOTE

◎ ミニトマトは小さめの甘いものがおすすめ。

a
前2レシピと同様のターメリックを用いた下処理。

b
濃い茶色の部分が出始めたくらいが頃合い。焦がしバターのいい香りが漂うはず。

c
小麦粉はフライパンに入れる直前にまぶす。

d
から揚げくらいの焼き加減になればOK。もう片面も同様。牡蠣が縮んで焦げてもよいので、しっかり焼く。

トマトクリームの野菜カレー

サーモンピンクのソースと色とりどりの野菜……。黄色と茶色が多いこの世界で、珍しく華やかなカレーです。本来、野菜は素揚げしますが、電子レンジで加熱し、ギーを絡めることでうまみを強め、時短しました。仕上げにはスパイスの香りを移した油。なめらかでやさしい味に、クミンと赤唐辛子の大人っぽい味が加わって、メリハリのある仕上がりです。

Spices
□ 赤唐辛子
□ レッドペッパー（パウダー）
□ ターメリック
□ クミン（ホール）
□ コリアンダー（パウダー）
□ ガラムマサラ

材料 （2〜3人分）

ブロッコリー　適量
じゃがいも　適量
かぼちゃ　適量
▶耐熱性のボウルに入れ、ラップをして
　電子レンジで2分ほど加熱する a
パプリカ（赤）　適量
　▶3cm角に切る
生クリーム　50㎖
赤唐辛子　1本
　▶種を取り、小口切りにする
クミン（ホール）　小さじ1/2
ガラムマサラ　少々
ギー → p12　小さじ1強
サラダ油　小さじ2
A
｜ターメリック　小さじ1/4
｜塩　小さじ1/4
B
｜炒め玉ねぎ → p13　1かけ
｜トマトジュース　150㎖
C
｜レッドペッパー（パウダー）　小さじ1/4
｜ターメリック　小さじ1/3
｜コリアンダー（パウダー）　小さじ1と1/2
｜塩　小さじ1/2

作り方

1. 小さな鍋に水300㎖（分量外）を入れて強火で熱し、煮立ったら中火にして、Aと野菜すべてを加える。野菜が食べられるやわらかさになったらざるに上げて水けをきり、鍋に戻してギーを加え、よく絡める。b

2. フードプロセッサーにBを入れ、なめらかになるまで攪拌する。1とは別の鍋に移して中火で熱し、Cを加えて1分炒める。c

3. 水150㎖（分量外）を加え、煮立ったらふたをして弱火にし、5分煮る。生クリームを加え混ぜ、器に移し、1の野菜をのせる。

4. 小さなフライパンにサラダ油を入れて中火で熱し、クミン数粒を加えて、泡が出てきたら残りのクミンを加える。色がついて香りが出たら火を止め、赤唐辛子を加えてすぐに3の器にかける。仕上げにガラムマサラをふる。d

NOTE

◎ 野菜はにんじん、ズッキーニ、さやいんげん、スナップえんどうなどもおすすめ。固い野菜はレシピのようにあらかじめ電子レンジで加熱しておくとよい。

野菜の分量はこの程度が目安。それぞれ食べやすい大きさにしたものを4切れほど。

固い野菜は先に電子レンジで加熱。ゆでてしっかり火を通したら湯を捨てた鍋に戻す。

カレーの元となるもの。ここに水分を加えてカレーにする。ハンディブレンダーでもOK。

この作業をタルカという。スパイスの香りを移した油を最後に加え、風味を強調する。

スリランカ風 さつまいもカレー

スリランカのカレーには、油を使わず、炒めることもなく、鍋に材料をセットしたら煮るだけというものがあり、そのテクニックを応用しました。さつまいもはスーパーなどでよく売られている焼きいもを大きくごろっと切って使用。すでに香ばしく火が通っているので時短となります。厚削りの鰹節はスリランカのウンバラカダの代用。ココナッツの甘みやスパイスと混ざって、なじみのあるだしの味が、不思議なおいしさになります。

Spices
☐ **レッドペッパー** (パウダー)
☐ **ターメリック**
☐ **クミン** (パウダー)
☐ **ブラックペッパー** (パウダー)
☐ **コリアンダー** (パウダー)
☐ **シナモン** (スティック)
☐ **ガラムマサラ**

材料 (2～3人分)

焼きいも　200g
　▶皮をむき、6等分に切る
ココナッツミルク　80mℓ
A
　玉ねぎ　1/4個 (60g)
　　▶高さを3等分に切り、それぞれ
　　　縦に薄切りにする　a、b、c
　トマト　1/2個
　　▶1cm角に切る
　青唐辛子　1/2本
　　▶小口切りにする
　にんにく　1/2かけ
　　▶叩いてつぶす　d
　鰹節厚削り (手でほぐす)　大さじ1　e
　トマトピューレ　大さじ1強
　レッドペッパー (パウダー)　2つまみ
　ターメリック　小さじ1/4
　クミン (パウダー)　小さじ1/2
　ブラックペッパー (パウダー)　小さじ1/4
　コリアンダー (パウダー)　小さじ1強
　シナモン (スティック)　2cm
　　▶手でほぐす　f
　ガラムマサラ　小さじ1
　塩　小さじ2/3

作り方

1. 鍋にAと水250mℓ (分量外) を入れて中火で熱し、煮立ったら弱火にして15分煮る。

2. 焼きいもとココナッツミルクを加え、再び煮立ったら火を止める。

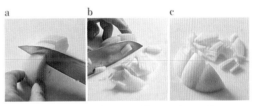

私の周囲ではこの玉ねぎの切り方を「ケーララ切り」と呼んでいる。南インドのケーララやスリランカでよく使われる切り方。

細かく分かれるまでつぶす。

削り節ではなく厚削りを、鯖節ではなく鰹のものを使ってほしい。

パウダーではなくスティックを手でほぐして使う。香りをより強く出すため。

NOTE

◎ シナモンはできればすっとした香りのセイロンシナモンを使う。

◎ 鰹の厚削りは、だしをとったらそのまま食べてしまうこともできて、便利なアイテム。鯖節だと臭みが出るので必ず鰹を。

南インド風 なすと冬瓜のカレー

なすも冬瓜もインドではおなじみの食材で、カレーにぴったりの野菜。クローブ、カルダモン、シナモンから抽出した精油をココナッツミルクに合わせるのは、南インドのケーララ州で特徴的な調理法で、肉を使わない料理にも効果的です。なすにはたっぷりの油を吸わせ、冬瓜は水分を出すことで、短時間で南インド式のスープ状のカレーにできました。

Spices
☐ レッドペッパー（パウダー）
☐ ターメリック
☐ カルダモン（ホール）
☐ シナモン（スティック）
☐ クローブ（ホール）

材料 (2〜3人分)

なす（中）　2本
　▶6等分の乱切りにする
冬瓜　250g
　▶皮をむいて種とわたを取り、
　　3cm角に切る（正味200g）　a
ししとう　3本
　▶小口切りにする
炒め玉ねぎ → p13　1かけ
ココナッツミルク　100mℓ
鶏がらスープの素　小さじ1
塩　小さじ1/3
サラダ油　大さじ2
A　▶混ぜ合わせる
　レッドペッパー（パウダー）　小さじ1/5
　ターメリック　小さじ1/3
　塩　小さじ1/3
B
　カルダモン（ホール）　2個
　　▶さやを割る
　シナモン（スティック）　3cm
　クローブ（ホール）　2粒
C
　レッドペッパー（パウダー）
　　小さじ1/2
　ターメリック　小さじ1/3
　塩　小さじ1/2

作り方

1. ボウルになすを入れ、Aを加えてまぶし、水分がしみ出てくるまで5分おく。b

2. 耐熱性のボウルに冬瓜を入れ、塩を加えてまぶし、ラップをして電子レンジで3分加熱する。

3. 鍋にサラダ油を入れて弱火で熱し、Bを加えて1分炒める。香りが出たら中火にし、1のなすを加えて2分炒める。

4. 炒め玉ねぎを加えてざっと混ぜ、玉ねぎが温まったらCを加えて、30秒炒める。

5. 2の冬瓜を出てきた汁ごと加え、さらに水200mℓ（分量外）を加える。煮立ったら鶏がらスープの素を加え、ふたをして弱火にし、5分煮る。c

6. ししとうとココナッツミルクを加え、1分煮る。

NOTE

◎ カレーリーフがあれば3でなすとともに6枚加えるとよい。
◎ ベジタリアン向けに鶏がらスープの素を野菜由来のコンソメに代えてもおいしく作れる。

下処理をしたところで190〜200g程度になる。皮は固いので寝かせてから切る。

なすのあくが抜けて、ターメリックが入りやすくなり、時短にもなる。

冬瓜は出てきた汁ももれなく加える。うまみがたっぷり。

アール・ダム

Braised Potatoes With Peanut Butter → **p49**

Dhal Curry → **p48**

ダール カレー

ダール カレー

インド料理の献立のなかでとても重要な定番の料理で、ほぼ毎日食卓に登場します。まずライスをダールで湿らせてやさしい味を楽しんでから、また別のカレーを混ぜて行くというのが、一般的な楽しみ方です。じっくり玉ねぎを炒めた油を加えるとワンランク上のダールになるのですが、時間がかかるのが難点。そこでこのレシピではフライドオニオンを活用しました。加えるだけでこくが出て、ぐんとおいしくなります。

Spices
☐ 赤唐辛子
☐ ターメリック
☐ クミン (ホール)
☐ ブラックペッパー (パウダー)
☐ ガラムマサラ

材料 (2～3人分)

乾燥赤レンズ豆 (マスール豆)　1/2 カップ
　▶ざっと洗い、鍋に移して、水500㎖
　　(分量外) を加え、5分浸水させる
トマト　小1個
　▶6等分のくし形切りにする
香菜 (粗みじん切り)　1/4 カップ
フライドオニオン　大さじ3
にんにく (みじん切り)　┓
しょうが (みじん切り)　┛合計小さじ 2/3
赤唐辛子　1 本
　▶小さく切り目を入れる
ターメリック　小さじ 1/4
クミン (ホール)　小さじ 1/2
ギー → p12　小さじ 2
サラダ油　大さじ 1
A
　┃ブラックペッパー (パウダー)　小さじ 1/4
　┃ガラムマサラ　2つまみ
　┃砂糖　小さじ 1/2
　┃塩　小さじ 1 と 1/2

作り方

1. 赤レンズ豆が入っている鍋にターメリックとサラダ油ひとたらし (分量外) を加えて中火で熱し、煮立ったら弱火にして、豆がくずれるようになるまで15分煮る。a

2. フライパンにサラダ油を入れて中火で熱し、クミン数粒を加えて、泡が出てきたら残りのクミンを加える。色がついて香りが出たらにんにく、しょうが、赤唐辛子を加え、にんにくが色づくまで炒める。b

3. フライドオニオンを加えて油をざっと絡め、さらにトマトを加え、1分炒める。

4. 1の鍋に3を油ごと加え、さらに香菜とAを加えて、よく混ぜる。器に盛り、ギーをのせて溶かす。c

NOTE

◎ 赤レンズ豆は「マスール豆」ともいう。オレンジ色の皮むきタイプを使用。
◎ 豆のゆで加減は、形を保ちつつ、指で押せばつぶれる程度が目安だが、煮くずれたのが好きな人もいるので、好みで構わない。

a

豆が鍋肌につきやすいので、ときどきへらでこそげるようにしながら混ぜる。

b
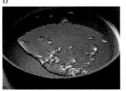
豆とのバランスで、油に通常より強めの風味をつける。

c

油が重要なので余すところなく加える。

アールー・ダム

「アールー」はじゃがいも、「ダム」はしっかり封をして蒸すように
じっくり加熱すること。濃厚に仕上げた、サブジのなかでもメイ
ンとなりうる調理法の料理です。本来はピーナッツをミルでペー
ストにしますが、ピーナッツバターを活用して時短しています。

材料 (2〜3人分)

じゃがいも　2と1/2個
　▶皮をむき、6等分のくし形切りにする
香菜（粗みじん切り）　1/3カップ
ターメリック　小さじ1

A
　炒め玉ねぎ → p13　1かけ
　ピーナッツバター（無糖）　大さじ2と1/2
　トマトピューレ　大さじ3
　赤唐辛子　1本
　ターメリック　小さじ1

B
　レッドペッパー（パウダー）　小さじ1/4
　ターメリック　小さじ1/3
　コリアンダー（パウダー）　小さじ1と1/2
　パプリカ（パウダー）　小さじ2/3
　砂糖　小さじ1/2
　塩　小さじ1弱
　ギー → p12　大さじ1

C
　ブラックペッパー（パウダー）　小さじ1/4
　ガラムマサラ　小さじ1/4

作り方

1. 鍋にじゃがいも、かぶるくらいの水（分量外）、ターメリックを入れて中火で熱し、煮立ったらさらに7分ゆでて、ざるに上げる。a

2. 別の鍋にAを入れてなめらかになるまで混ぜ、中火で熱する。温まったら弱火にし、Bを加え混ぜて、5分加熱する。b

3. 水200mℓ（分量外）を加えて中火にし、混ぜながら沸騰させる。

4. 1のじゃがいもを加えて弱火にし、ふたをして焦がさないように3分煮る。

5. 香菜とCを加え、よく混ぜる。

NOTE

◎ ピーナッツバターはクリーム状でも粒入りでも構わない。

じゃがいもにはまずターメリックの風味を入れておく。

ピーナッツバターが味の要。加えるだけで、こく、甘みが強くなる。

なすのカチャルヤー

Eggplant Kacharya → p53

スリランカ風
卵カレー

Sri Lankan Style Egg Curry → **p52**

スリランカ風卵カレー

ベースはスリランカ風ですが、インド的な炒め玉ねぎを加えて濃厚にしつつ、具材のゆで卵は炒めるというインド式テクニックを使って作ってみたら、とてもおいしくなりました。ゆで卵を炒めて焦げ目をつけることで卵にもスパイスの香りがしっかりつきます。小さくカットしたパプリカとピーマンは食感のアクセント。ライスによく合うカレーです。

Spices
☐ **レッドペッパー**（パウダー）
☐ **ターメリック**
☐ **コリアンダー**（パウダー）
☐ **シナモン**（パウダー）
☐ **マスタードシード**

材料（2〜3人分）

ゆで卵（固ゆで）　2個
パプリカ（赤）　1/4個
　▶7mm角に切る
ピーマン　1個
　▶7mm角に切る
鰹節厚削り　4g
ターメリック　小さじ1/4
マスタードシード　小さじ1/2
サラダ油　大さじ1

A
｜ トマト　1/2個（80g）
｜ 炒め玉ねぎ → p13　1かけ
｜ トマトピューレ　大さじ2
｜ ココナッツミルク　大さじ2

B
｜ レッドペッパー（パウダー）　小さじ1/3
｜ ターメリック　小さじ1/3
｜ コリアンダー（パウダー）　小さじ1
｜ シナモン（パウダー）　小さじ1/4
｜ 砂糖　小さじ1/4
｜ 塩　小さじ1弱

作り方

1. フードプロセッサーに鰹厚削りを入れ、できる限り細かく粉砕する。さらに **A** を加え、なめらかになるまで攪拌する。**a**

2. 鍋にサラダ油を入れて中火で熱し、マスタードシード数粒を加えて、弾け始めたら残りのマスタードシードを加える。さらに勢いよく弾けてきたらゆで卵とターメリックを加えて弱火にし、卵を転がしながら軽く色づくまで炒める。**b**

3. 1と **B** を加え、よく絡めながら2分炒める。**c**

4. 水200mℓ（分量外）を加え、煮立ったらふたをして弱火にし、5分煮る。

5. パプリカとピーマンを加え、2分煮る。器に盛り、ゆで卵を半分に切る。

NOTE

◎ カレーリーフがあればゆで卵とともに6枚加えるとよい。

a 削り節ではなく、うまみが強い厚削りを使用。

b 卵に風味を移しつつ、表面をこんがりと香ばしくする。

c 卵にスパイスをまとわせていく。卵が主役のカレー。

なすのカチャルヤー

「カチャルヤー」は西インドの家庭料理で、スライスした野菜をシンプルに味つけして、一度焼いたのちにふたをして蒸したもの。シンプルながらも「焼く」と「蒸す」、双方のよさが野菜の味を引き出して、しっとり仕上がります。どんなカレーにもよく合い、手間もかからないので、覚えておくと便利な料理です。

材料 (2人分)

なす　中4本
　▶2cm角に切る
クミン（ホール）　小さじ1/2
マスタードシード　小さじ1/2
サラダ油　大さじ3
A
｜レッドペッパー（パウダー）　小さじ1/2
｜ターメリック　小さじ2/3
｜塩　小さじ2/3

作り方

1. フライパンにサラダ油を入れて中火で熱し、マスタードシード数粒を加えて、弾け始めたら残りのマスタードシードを加える。さらに勢いよく弾けてきたらクミンを加え、音が収まってきたらなすを加えて炒める。

2. Aを加え、ざっと混ぜる。なすがやわらかくなったらふたをして弱火にし、煮くずれてとろっとするまで加熱する。

NOTE

◎ 厚さ5mmほどのいちょう切りにしたじゃがいもで作ることが多い料理。

a

加熱時間は、夏のなすは7〜8分、冬のなすは15分くらいが目安。

豚しゃぶとオクラのスープカレー

とあるテレビ番組の企画で考案したレシピで、その後教室でも人気メニューとなりました。このレシピで重要なのはしゃぶしゃぶ用の豚バラ極薄切り肉。ほかの肉では上手にできません。下味にターメリックが入っているので、肉をゆでてもあくが出ず、そのままスープカレーにすることができます。オクラは最後にさっと煮ると、全体がちょうどよいとろみになります。

材料（2〜3人分）

豚バラ薄切り肉（しゃぶしゃぶ用）　150g
▶長さ3cmに切る
オクラ　6本
▶幅5mmに切る
香菜（粗みじん切り）　適量
野菜ジュース　100mℓ　a
炒め玉ねぎ → p13　1かけ
ガラムマサラ　小さじ1/3
塩　小さじ1/3

A
玉ねぎ（すりおろし）　大さじ1強
しょうが（すりおろし）　小さじ1
トマトピューレ　大さじ2
片栗粉　小さじ1と1/2

B ▶混ぜ合わせる
レッドペッパー（パウダー）　小さじ1/2
ターメリック　小さじ1/2
クミン（パウダー）　小さじ1/2
ブラックペッパー（パウダー）　小さじ1/3
カルダモン（ホール）　2個
▶さやを割る
シナモン（パウダー）　2つまみ
クローブ（ホール）　2粒
しょうゆ　小さじ1
塩　小さじ1/2
サラダ油　小さじ2

作り方

1. 耐熱性のボウルにAを入れて混ぜ、豚肉を加えてよくもみ込む。

2. Bを加え、豚肉を手でちぎりながらさらにもみ込む。ラップをして、電子レンジで2分加熱する。b

3. 鍋に炒め玉ねぎを入れて中火で熱し、玉ねぎが温まったら2の豚肉を加え、1分炒める。

4. 野菜ジュース、水250mℓ（分量外）、塩を加え、煮立ったら菜箸で豚肉をほぐし、ふたをして弱火にし、5分煮る。c

5. オクラを加え、1分煮る。ガラムマサラを加え混ぜ、器に盛り、香菜をのせる。

NOTE

◎ インドに「スープカレー」という言葉はないが、液体に近いカレーは一般的に存在する。ライスをすくってスープに浸すという日本式のスープカレーの食べ方にぴったり。

トマトベースで甘みのないものを。にんじんベースは不可。

しゃぶしゃぶ用肉なのでちぎりやすく、火もすぐに通る。やわらかな食感がこのカレーによく合う。

野菜ジュースにはたくさんの野菜が入っているので複雑なうまみが出る。

鶏肉、大根、じゃがいもの おでん風カレー

圧力鍋を使えば火が通りづらい根菜のカレーでも時短を実現できます。ごろりとした大きな具に、スパイスと鶏肉の味がよくしみ込んで、おでんのような食べごたえ。握りたてのおにぎりといっしょに食べるのがおすすめです。なぜかとてもよく合うんです。煮くずれてもあまり気にせず、カレーに溶けた感じを楽しんでください。大きかったら半分に切ってもいいです。

Spices

- □ レッドペッパー (パウダー)
- □ ターメリック
- □ クミン (ホール)
- □ ブラックペッパー (パウダー)
- □ コリアンダー (パウダー)
- □ ガラムマサラ
- □ パプリカ (パウダー)

材料 (2～3人分)

鶏もも肉　200g
▶6等分のひと口大に切る
大根　5cm
▶10等分の乱切りにし、フォークで数か所刺す
じゃがいも　2個
▶皮をむき、フォークで数か所刺す
トマト　1個
▶ざく切りにする
香菜 (粗みじん切り)　1/2カップ＋適量
炒め玉ねぎ → p13　1かけ
クミン (ホール)　小さじ1/2
ブラックペッパー (パウダー)　小さじ1/2
サラダ油　大さじ2と1/2
熱湯　300ml

A
レッドペッパー (パウダー)　小さじ1/2
ターメリック　小さじ½
コリアンダー (パウダー)　小さじ1
ガラムマサラ　小さじ1と1/2
パプリカ (パウダー)　大さじ1
しょうゆ　小さじ2
砂糖　小さじ1/3
塩　小さじ1/2
ギー → p12　大さじ1

作り方

1. 圧力鍋にサラダ油を入れて中火で熱し、クミン数粒を加えて、泡が出てきたら残りのクミンを加える。色がついて香りが出たらトマトを加え、強火にしてくずれるまで炒める。a

2. 中火にして炒め玉ねぎを加え、3分炒める。

3. 香菜1/2カップとAを加え、油がしみ出てくるまで3分炒める。b

4. 鶏肉、大根、じゃがいもを加え、3を絡めながら炒める。鶏肉の表面に火が通ったら熱湯を加え、ざっと混ぜて濃度を均一にする。c

5. ふたをし、圧力をかけて10分加熱する。

6. 器に盛り、ブラックペッパーをふって、香菜適量をのせる。

NOTE

◎ 普通の鍋で作る場合は5で圧力をかける代わりに弱火で30分ほど煮る。
◎ じゃがいもの形を残したいときはメークインがおすすめ。
◎ 大根の代わりにかぶでもおいしい。

トマトはほぼペースト状になるくらいまでくずしてOK。

端のほうに油が浮き出てきたら具材を加える。

ソースを具材に絡めるようにしながら炒める。

ノウランギーダール

9 Bean Curry → **p60**

Pickled Potatoes → **p61**

アールー・アチャール

ノウランギー・ダール

北の寒い地域では豆が重要なたんぱく源。このカレーは経済性、味覚、栄養の3点においてとてもすぐれた料理です。「ノウ」というのはヒンディー語で9という意味で、多いことの喩え。できるだけ多くの種類の豆を使うことで、よりおいしくなります。豆は浸水させているあいだに味が水の中へ出ていますから、その水をそのまま煮汁にすることが大事です。

材料 （2〜3人分）

好みの乾燥豆4種類以上
　合計1カップ　a
　▶水でざっと洗い、水800㎖（分量外）に
　ひと晩浸水させておく　b
トマト　小1個
　▶6等分のくし形切りにする
にんにく　1と1/2かけ
　▶つぶしてから大きめに刻む
香菜（粗みじん切り）　適量
クミン（ホール）　小さじ2/3
サラダ油　120㎖
A
　ターメリック　小さじ1/4
　サラダ油　小さじ1/2
B
　レッドペッパー（パウダー）　小さじ2/3
　ターメリック　小さじ2/3
　コリアンダー（パウダー）　小さじ1
　塩　小さじ1と1/2

作り方

1. 圧力鍋に豆を水ごと入れ、Aを加え混ぜる。ふたをして圧力をかけ、15分加熱する。

2. 小鍋ににんにくとサラダ油を入れて中火で熱し、クミン数粒を加えて、泡が出てきたら残りのクミンを加える。にんにくが色づいて香りが出たらトマトを加え、1分炒める。

3. Bを加え混ぜ、すぐに圧力を抜いた1の圧力鍋に加える。ざっと混ぜて器に盛り、香菜をのせる。

NOTE

◎ 2では油が跳ねるのでフライパンではなく高さのある小鍋がおすすめ。
◎ 普通の鍋を使う場合は、1で圧力をかける代わりに、しっかりふたをして、すべての豆がやわらかくなるまで弱火で1時間煮る。途中様子を見て、水分がなくなってきたら水を足す。
◎ もしマスタードオイルがあればサラダ油の代わりに使うとよい。豆のうまみが増す。

a　最低でも4種類。おすすめは小豆、レッドキドニー、ひよこ豆、ウラド豆、白いんげん豆、大豆、赤ひよこ豆、乾燥グリーンピースなど。

b　作る前日に浸水させておくのを忘れずに。急ぐ場合は熱湯に2時間浸けておく。

アールー・アチャール

「アチャール」はインドの即席の漬けものです。とはいえこれは
野菜に火を軽く入れて、作りたてを食べるサラダのような副菜。
保存すると味が落ちるので、冷蔵も再加熱もおすすめしません。
やや塩辛く、酸っぱく調味するのが現地流の味つけです。

材料 (2〜3人分)

じゃがいも　2個
　▶1cm角に切る
紫玉ねぎ　1/4個
　▶高さを3等分に切り、
　　それぞれ縦に薄切りにする
青唐辛子　1本
　▶小口切りにする
きゅうり　1/2本
　▶7mm角に切る
ターメリック　小さじ1
クミン（ホール）　小さじ1/3
マスタードシード　小さじ1/3
サラダ油　大さじ1
A
　香菜（粗みじん切り）　1/4カップ
　白すりごま　大さじ2
　レモン汁　大さじ1
　レッドペッパー（パウダー）　2つまみ
　ホワイトペッパー（パウダー）　小さじ1/4
　砂糖　2つまみ
　塩　小さじ1強

作り方

1. 鍋にじゃがいも、かぶるくらいの量の水（分量外）、ターメリック
   を入れ、中火でゆでる。竹串がすっと通るくらいになったらざる
   に上げる。a

2. フライパンにサラダ油を入れて中火で熱し、マスタードシード数
   粒を加えて、弾け始めたら残りのマスタードシードとクミンを加
   える。音が収まってきたら1のじゃがいもを加え、さっと炒めて、
   火を止める。

3. 紫玉ねぎ、青唐辛子、きゅうりを加えてざっと混ぜ、さらにA
   を加えて混ぜる。

a

ターメリックの黄色が鮮やか
にしみ込む。あくもとれる。

NOTE

◎ 玉ねぎはほぼ生で食べることになるので紫玉ねぎが向いている。
　新玉ねぎでもおいしく作れる。

ひよこ豆のカレー

ひよこ豆（チャナ豆）のカレーはインド中にいろいろなレシピがありますが、ここでは有名な北西部・パンジャーブ州の「チャナチョーレ」を、簡略化してご紹介します。豆がいかに味よく仕上がるかが大事なので、渋みを足すために濃い紅茶で煮るのがポイント。生の玉ねぎを添えて、チャパーティーなどで食べるのが現地流です。市販のナーンも合います。

Spices
☐ **レッドペッパー** (パウダー)
☐ **ターメリック**
☐ **コリアンダー** (パウダー)
☐ **カルダモン** (ホール)
☐ **シナモン** (スティック)

材料 (2〜3人分)

ひよこ豆水煮缶　1缶 (正味240g)
　▶ざるに上げて水けをきる
青唐辛子　1本
　▶小口切りにする
トマト　1/2個
　▶ざく切りにする
フライドオニオン　大さじ山盛り1
香菜 (粗みじん切り)　適量
しょうが　適量
　▶できるだけ細いせん切りにする
炒め玉ねぎ → p13　1かけ
紅茶の茶葉
　(セイロンやケニアなど細かいもの)
　大さじ1強 (またはティーバッグ4個)
鶏がらスープの素　小さじ1
A
　レッドペッパー (パウダー)　小さじ1/2
　ターメリック　小さじ1/2
　コリアンダー (パウダー)　小さじ2
　カルダモン (ホール)　2個
　　▶さやを割る
　シナモン (スティック)　3cm
　塩　小さじ2/3

作り方

1. 鍋に水500mℓ (分量外) を入れて強火で熱し、煮立ったら紅茶の茶葉 (またはティーバッグ) を入れてふたをし、火を止めて3分蒸らす。ざっと混ぜて茶こしでこし (またはティーバッグを取り出し)、濃くて渋い紅茶を作る。

2. 圧力鍋にひよこ豆と炒め玉ねぎを入れて中火で熱し、**A**を加えて、1分炒める。

3. 青唐辛子、トマト、1の紅茶、鶏がらスープの素を加え、ふたをして圧力をかけ、10分加熱する。a

4. 器に盛り、フライドオニオン、香菜、しょうがをのせる。

a

紅茶はしっかり濃いめに出す。スパイスと混ざり合ってちょうどよい味になる。

NOTE

◎ 普通の鍋で作る場合は、**3**で圧力をかける代わりに、しっかりふたをして、弱火で1時間煮る。途中様子を見て、水分がなくなってきたら適宜紅茶を足す。

欧風 ポークカレー

シチューのような煮ものをイメージした「欧風カレー」です。最低限のスパイスで作りました。肉は豚バラのかたまり肉。脂肪分がしみ出して、カレー全体になんともいえないうまみが広がります。ロースや牛肉ではこうはなりません。うまみが出るブラウンマッシュルームをごろっと使うのも重要。仕上げには多めのこしょうできりっと引き締めてください。

Spices
☐ レッドペッパー（パウダー）
☐ ターメリック
☐ ブラックペッパー（パウダー）
☐ コリアンダー（パウダー）
☐ ローリエ

材料 (2〜3人分)

豚バラかたまり肉　250g
　▶6等分に切る　a
ブラウンマッシュルーム　大5〜6個
デミグラスソース（缶詰）　150g
炒め玉ねぎ → p13　1かけ
ブラックペッパー（パウダー）　小さじ1/2
サラダ油　少々
熱湯　200ml
A
　トマトピューレ　大さじ1
　レッドペッパー（パウダー）　小さじ1/2
　ターメリック　小さじ1/2
　コリアンダー（パウダー）　小さじ3
　ローリエ　1枚
　塩　小さじ1弱

作り方

1. 圧力鍋にサラダ油を入れて中火で熱し、豚肉を加えて2分炒める。

2. 炒め玉ねぎを加え、豚肉に絡めながら炒めて、玉ねぎが温かくなったらAを加え、1分炒める。b

3. デミグラスソースを加え、2分煮る。

4. マッシュルームと熱湯を加え、よく混ぜて濃度を均一にし、ふたをして圧力をかけ、15分加熱する。圧力を抜き、仕上げにブラックペッパーをふる。

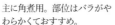

主に角煮用。部位はバラがやわらかくておすすめ。

豚肉は表面に火が通る程度。肉に味を入れておく。

NOTE

◎ 本書ではテージパッターを基本的には使用しているが、このレシピに限ってはローリエが向いている。
◎ マッシュルームは小さいものなら10個ほどが目安。
◎ 普通の鍋を使う場合は、4で圧力をかける代わりに、弱火で30〜40分、豚肉がやわらかくなるまで煮る。その場合は豚肉は小さめに切り、途中様子を見て、水分がなくなってきたら水を足す。

食後のレシピ①　　ドリンク

風味を凝縮したひと味違うチャイ

濃厚でリッチな
チャーエ（チャイ）

材料（2杯分）

紅茶の茶葉ⓐ（セイロンやケニアなど細かいもの）
　　小さじ2と1/2
紅茶の茶葉ⓑ（ダージリン）　大さじ1
砂糖　大さじ2
牛乳　150mℓ

作り方

1. 小鍋に水100mℓ（分量外）を入れて強火で熱し、煮
　立ったら紅茶の茶葉ⓐを加えて中火にし、鍋をゆ
　すりながら水分がほぼなくなるまで加熱する。
2. 水150mℓ（分量外）を加え、再び煮立ったら30秒
　待ち、牛乳を加える。
3. 再び煮立ったら紅茶の茶葉ⓑを加え、ふたをして
　火を止め、2分おく。
4. 砂糖を加えて溶かし混ぜ、茶こしでこしながら注ぐ。

かぜのひき始めにもぴったり
シナモン
ジンジャーティー

材料（2杯分）

しょうが（薄切り）　3〜5枚
シナモン（スティック）　5cm
水　400mℓ

作り方

小鍋に材料すべてを入れて強火で熱し、煮立ったら
弱火にして、5分煮る。茶こしでこしながら注ぐ。

消化を助けつつ、香りでリラックス

カルダモン
レモネード

材料（2杯分）

レモン（輪切り）　2枚
レモン汁　小さじ2
カルダモン（ホール）　4個
　▶さやを割る
砂糖　大さじ1

作り方

1. 小鍋に水400mℓ（分量外）とカルダモンを入れて強
　火で熱し、煮立ったら弱火にして、3分煮る。
2. 砂糖を加えて溶かし混ぜ、火を止める。レモン汁
　を加え混ぜ、茶こしでこしながら注ぎ、レモンを
　加える。

Biryani

—

بریانی

—

बरियानी

—

ビリヤニ

米とスパイスの芸術、ビリヤニ

ビリヤニ（ビルヤーニー）は、イスラームの料理です。オーセンティックなものでは以下の2種が有名です。まず、ウッタル・プラデーシュ州ラクナウ周辺の「アワド式」。ヤギマトンで完璧なカレーを作ってから、半炊きの米となじませたもので、どうしても色が混ざります。そしてあまりスパイシーではありません。こちらは現在のパーキスターン（パキスタン）からの流れを汲む調理方法です。

対して「ハイダラーバード式」は、本来はカッチ（「生」の意）スタイル。味をつけた生肉の上に半炊きの米をのせて炊きますので、米の重みが圧力となり、肉がプリプリに仕上がるといわれています。この調理法は、鍋の上部からは米しか見えず、肉にしっかり火が入っているのかは、勘所で調理するしかありません。

本書では後者をベースにしながら、しかし2～3人分といった少量を炊く場合には米に十分な重みがなく、しっかりとした圧が出せないので、それぞれのよさをレシピによってさまざまに折衷した作り方をしています。加えてふたを密閉（シール）して蒸す「ダム調理法」のような効果を期待して、「ストウブ」や「ル・クルーゼ」の鍋を使用しています。

インド南部のハイダラーバードは、カシミールと並んで正統派のイスラームの生き残りの王朝でしたから、かつて栄華を誇った貴族たちのネットワークの中心となったようです。ニザーム（イスラームの王）がどこそこのパーティーでこんな料理を出し素晴らしかったと評判になると、それをお金持ちが真似をして広める。そんななかでハイダラーバードの料理は洗練されて行きました。米どころでもある南インドは、米の種類が多く、スパイスも豊富に使われ、気候からもスパイシーであることが尊ばれたからこそ、北インドを離れて南にやってきたビリヤニは、その価値を増していったのだと推測します。

この本では、本来ならば調理に数時間はかかる本格的なビリヤニを、できるだけ簡単に作るという課題をいただきました。いろいろやってみてわかったことがあります。まず、この料理はインディカ米だから成立するものだということです。インディカ米は日本米と違ってでんぷん質が詰まっていません。ですから半炊きにしていったん調理をストップしても、いやむしろそうすることで、そのあとのおいしいスパイシーな水分を吸収しながら炊きあがるのです。対して日本米は、ふたも開けず、一気に炊きあげてこそおいしいもの。そこで「日本米で作るベンガルのチキンビリヤニ →p82」では、ベンガル地方特産の短粒米を使って作る「ベンガル式」の混ぜ炊き法を採用することになりました。

また、ビリヤニにつきもののラーエター（ライタ）は、p70でそれぞれのビリヤニの特徴をさらに生かしてくれるようなものを提案しています。余裕がないときはもちろん基本のラーエターが万能ですからそれでも十分です。

ビリヤニに合うとされているコーラにもひと工夫しました。イスラーム発祥の料理なので、現地ではアルコール類ではなく、p75のようにコーラをお供に食べます。大きなペットボトルのコーラがテーブルに置かれて、飲み放題になっている食堂もあるほどです。しかしそのままでは甘すぎるので、スパイスに漬けたレモンを入れるビリヤニ用のコーラを考案しました。漬け汁もいっしょにどうぞ。

お米の国の私たち。これからも「米とスパイスの芸術」であるビリヤニを楽しんで行きたいものです。

ビリヤニで使用する「厚手の鍋」は、熱伝導性・蓄熱性が高い、「ストウブ」や「ル・クルーゼ」の鋳物のほうろう鍋を想定しています。サイズは直径18cmを使用しています。

ビリヤニのための スパイシーコーラ

材料（4杯分）

コーラ　グラス4杯分
レモンのスパイス漬け
| レモン　1個
| **A**
| | はちみつ　大さじ1と1/2
| | レッドペッパー（パウダー）　小さじ1/4
| | ブラックペッパー（パウダー）　小さじ1/3
| | 塩　小さじ1/5

作り方

1. レモンのスパイス漬けを作る。レモンは皮をよく洗い、上下5mmを切り落として、縦に4等分のくし形切りにする。白い筋と種は取る。保存容器などにAを入れて混ぜ、レモンを加えてよく絡め、1時間ほどおく。a

2. グラスなどに入れたコーラ1杯にレモンのスパイス漬け1切れを軽く搾って加え、漬け汁少々も加えて、さっと混ぜる。

a

冷蔵で3日ほど保存可。コーラだけでなく炭酸水などに加えてもおいしい。

さっぱりとした酸味でビリヤニを引き立てる名脇役

ラーエター

ラーエター（ライタ）はヨーグルトベースのソース／ディップ。ビリヤニには必ずといっていいほど添えられていて、ラーエターをご飯にかけながら食べます。いずれのラーエターもすべてのビリヤニに合いますが、特に相性のよいものは各レシピのNOTE欄に記しました。好みでローストクミンパウダー → p13 やレッドペッパー（パウダー）をふってもよいでしょう。それぞれだいたい3食分です。

トマトとしょうがのラーエター

アボカドのラーエター

基本のラーエター

基本のラーエター

材料（作りやすい分量）

プレーンヨーグルト（無糖）　150㎖
紫玉ねぎ（みじん切り）　大さじ山盛り1
きゅうり（5㎜角に切る）　大さじ山盛り1
香菜（粗みじん切り）　適量
A
　ローストクミンパウダー → p13　小さじ 1/5
　レッドペッパー（パウダー）　2つまみ
　ブラックペッパー（パウダー）　2つまみ
　砂糖　2つまみ
　塩　小さじ 1/5

作り方

ボウルにヨーグルトと水80㎖（分量外）を入れてなめらかになるまで混ぜ、**A**、紫玉ねぎときゅうりを順に加えてそのつど混ぜて、香菜を散らす。

トマトとしょうがのラーエター

材料（作りやすい分量）

プレーンヨーグルト　150㎖
トマト　1/2 個
　▶5㎜角に切る
しょうが（すりおろし）　小さじ1
A
　ローストクミンパウダー → p13　小さじ 1/4
　レッドペッパー（パウダー）　2つまみ
　ブラックペッパー（パウダー）　3つまみ
　砂糖　小さじ 1/3
　塩　小さじ 1/3

作り方

ボウルにヨーグルト、水80㎖（分量外）、しょうがを入れてなめらかになるまで混ぜ、**A**、トマトを順に加えて、そのつど混ぜる。

アボカドのラーエター

材料（作りやすい分量）

プレーンヨーグルト（無糖）　120㎖
アボカド（やわらかめのもの）　小1個
　▶粗くつぶす
きゅうり　1/3 本
　▶5㎜角に切る
トマト　1/4 個
　▶5㎜角に切る
香菜（粗みじん切り）　適量
オリーブオイル　適量
A
　ローストクミンパウダー → p13　小さじ 1/4
　レッドペッパー（パウダー）　2つまみ
　ブラックペッパー（パウダー）　3つまみ
　砂糖　1つまみ
　塩　小さじ 2/3

作り方

ボウルにヨーグルトと水大さじ3（分量外）を入れてなめらかになるまで混ぜ、**A**、香菜以外の野菜を順に加えてそのつど混ぜる。ローストクミンパウダーとレッドペッパー（パウダー）各適量（ともに分量外）と香菜を散らし、オリーブオイルを回しかける。

ラーエターに混ぜたり
料理にかけたりするインドのソース

チャトニー

チャトニー（チャツネ）はインド料理にお
けるソース。ラーエターに混ぜたり、タ
ンドーリ料理などにかけたりします。こ
の本のビリヤニによく合うラーエターとの
組み合わせは、各レシピの NOTE欄に
記しました。それぞれだいたい3〜4食
分で、すべて冷凍保存が可能。ちなみ
にガルワールは北インドの地方です。

ガルワールの グリーンチャトニー

材料（作りやすい分量）

香菜　50g
にら　2本弱
青唐辛子　1本
ミントの葉　5g
塩　小さじ1
水　80㎖

作り方

固形物は粗く刻み、フードプロセッサー／ミ
キサーに材料すべてを入れ、なめらかになる
まで攪拌する。

NOTE

◎　白すりごま大さじ2を加え混ぜてもおいしい。

グリーンチャトニー

ガルワールの トマトチャトニー

材料（作りやすい分量）

トマト　小 2 個（300g）
　▶へたつきのまま横半分に切る
にんにく　2 かけ
　▶粗みじん切りにする
しょうが　1 かけ
　▶薄切りにする
赤唐辛子　6 本
塩　小さじ 1
サラダ油　大さじ 1

作り方

1. フライパンにサラダ油を入れて中火で熱し、半面にトマトを並べ、残り半面ににんにくとしょうがを並べて、さらにトマトとできるだけ離して赤唐辛子を並べて焼く。

2. トマトはこんがりとしたら裏返し、もう片面も同様に焼いて、皮をむいてへたを取る。赤唐辛子、にんにく、しょうがは、こんがりとしたら順次取り出す。

3. フードプロセッサー／ミキサーに 2 と塩を入れ、なめらかになるまで攪拌する。

材料（作りやすい分量）

香菜　50g
トマト　1/2 個（100g）
青唐辛子　1 本
しょうが　1/2 かけ
にんにく　1/4 かけ
レモン汁　小さじ 2
ローストクミンパウダー → p13　小さじ 1/2
レッドペッパー（パウダー）　2 つまみ
塩　小さじ 2/3
水　大さじ 3 強

作り方

固形物は粗く刻み、フードプロセッサー／ミキサーに材料すべてを入れ、なめらかになるまで攪拌する。

クイック
チキンビリヤニ

Quick Chicken Biryani → **p76**

Spicy Cola For Biryani → **p69**

ビリヤニのための
スパイシー
コーラ

クイック チキン ビリヤニ

時短レシピとはいえ、ビリヤニに大切な肉と米をいかにおいしく仕上げるか
を、妥協せずに考えたレシピです。肉は切る手間がなく、味もよくて、うま
みがしっかり出る鶏手羽中がベスト。電子レンジで加熱してからいったん冷
ますことで味を深くしみ込ませます。米は理想的な「6割炊き」になるように、
時間を細かく指定しました。このとおりに作っていただければ、完璧です。

Spices
☐ レッドペッパー（パウダー）
☐ ターメリック
☐ カルダモン（ホール）
☐ シナモン（スティック）
☐ クローブ（ホール）
☐ フェンネル（ホール）
☐ テージパッター

材料 （2～3人分）

インディカ米　1カップ
▶洗わずに4分浸水し、ざるに上げる
鶏手羽中　8～10本（200g）
▶骨の際に縦に切り込みを入れる
フライドオニオン　大さじ2強＋大さじ2
香菜（粗みじん切り）　1つかみ
ミントの葉　1/2つかみ
牛乳　50mℓ
ギー → p12　小さじ1＋小さじ2

A
プレーンヨーグルト（無糖）　大さじ1
炒め玉ねぎ → p13　1かけ
レモン汁　小さじ2
レッドペッパー（パウダー）　小さじ1/3
カルダモン（ホール）　2個
▶さやを割る
シナモン（スティック）　3cm×2本
クローブ（ホール）　3粒
フェンネル（ホール）　小さじ1/2
テージパッター（またはローリエ）　2枚
塩　小さじ1
ギー → p12　小さじ1

B
カルダモン（ホール）　1個
▶さやを割る
シナモン（スティック）　2cm
クローブ（ホール）　2粒
サラダ油　小さじ1
C ▶混ぜ合わせる
ターメリック　小さじ1/2
サラダ油　小さじ2/3

NOTE

◎ すべてのラーエター → p70 とミルチィ・カ・サーラン → p89 が合う。
◎ ゆで卵を加えることもある。3で鶏手羽中といっしょに鍋底にゆで卵（固ゆで）を2個並べる。
◎ ビリヤニの炒め玉ねぎ1かけはフライドオニオン大さじ山盛り4で代用できるが、味は落ちる。

作り方

1. 肉に下味をつけ レンチンする

耐熱性のボウルにAを入れて
混ぜ、鶏手羽中を加えてよく絡
める。鶏手羽中をボウルの側
面に広げるように並べ、ラップ
をして電子レンジで2分加熱す
る。軽くほぐし、ボウルの底を
水に浸けて、粗熱をとる。

広げておくことで電子レンジでもしっかり
火が入る。重ならないよう注意。

短時間のうちに味をしっかりしみ込ませ
ることができる。冷やすのは加熱後に15
℃以下にすると味が入りやすくなるから。

2. 米を半炊きにする

鍋に水600mℓ（分量外）を入れて強火で熱し、煮立ったらBを加えて中火にして、1分煮る。インディカ米を加えてひと混ぜし、ときどき混ぜながら6分ゆでる。ざるに上げて水けをきり、すぐに鍋に戻してふたをして、そのまま置いておく。

インディカ米にもスパイスを入れていく。このあとまた火を入れるので、ここは軽めでOK。

米が鍋底にこびりつかないよう注意。

湯をきったらすぐに鍋に戻してふたをする。この作業は手早く行うこと。

3. 具を重ねる①

厚手の鍋の内側にギー小さじ1を塗り広げて中火で熱し、1の鶏手羽中を漬けだれを拭いながら皮目を下にして並べる（漬けだれはとっておく）。

18cmの鋳鉄製の鍋が最適。鍋にこびりつかないようギーを塗っておく。

ここで拭った漬けだれはあとで米の上にのせていっしょに炊く。

皮目に焼き色がつくようにする。

4. 具を重ねる②

フライドオニオン大さじ2強、香菜の半量、ミントの半量を散らし、2の米を加えて平らにならす。Cを2か所に軽く穴を掘って半量ずつ垂らす。

ミントやバジルは包丁で切ると金気で変色し、香りが落ちるので、手でちぎる。

米に色をつけるため。まだらになるくらいがちょうどよいので、このようにする。

5. 炊き合わせる

3で鶏手羽中から拭った漬けだれを塗り広げ、ギー小さじ2を2か所に半量ずつ置き、牛乳を回しかける。ふたをし、強めの中火で2分、弱火にしてさらに15分炊く。

3で拭った漬けだれとギーをここにのせる。

肉のビリヤニには牛乳を加えることが多い。米に吸わせることでこくが出る。

6. 混ぜて蒸す

いったんふたを開け、鍋底からざっくりと上下を返すように軽く混ぜ、再びふたをして、火を止めて5分蒸らす。仕上げにフライドオニオン大さじ2と残りの香菜とミントを散らす。

混ぜすぎないよう注意。

フライドオニオンや生のハーブなど、食感が異なるものを加えてメリハリを出す。

最速の チキンビリヤニ

ここでは最短で味を再現することに挑戦しました。使用するのはなんと市販のパックご飯。これでかなりの時短になります。調理法としては、まず肉の味をしっかり作り、冷たい状態のパックご飯に混ぜて行くというやり方。「炊く」というプロセスがないので、温まって味がよく絡めば、もうできあがりです。時間をかけてしまうと水分が多くなるので、手早く仕上げてください。

Spices
☐ レッドペッパー（パウダー）
☐ ターメリック
☐ カルダモン（ホール）
☐ シナモン（スティック）
☐ ガラムマサラ
☐ クローブ（ホール）
☐ テージパッター
☐ ホワイトペッパー（パウダー）

材料 （2〜3人分）

パックご飯　1と1/2個（300g）
鶏もも肉　250g
　▶2cm角に切る
フライドオニオン　大さじ1強＋適量
香菜（粗みじん切り）　適量
牛乳　大さじ1
ギー → p12　小さじ1＋小さじ2
A
｜ 炒め玉ねぎ → p13　1かけ
｜ プレーンヨーグルト（無糖）　大さじ1
｜ レモン汁　小さじ2
｜ レッドペッパー（パウダー）　小さじ1/3
｜ ターメリック　小さじ1/4
｜ カルダモン（ホール）　2個
｜ 　▶さやを割る
｜ シナモン（スティック）　3cm×2本
｜ クローブ（ホール）　3粒
｜ テージパッター（またはローリエ）　1枚
｜ 塩　小さじ1
｜ ギー → p12　小さじ1
B
｜ ガラムマサラ　小さじ1/3
｜ ホワイトペッパー（パウダー）　小さじ1/3
｜ 塩　小さじ1/3

作り方

1. 耐熱性のボウルにAを入れて混ぜ、鶏肉を加えてよく絡める。鶏肉をボウルの側面に広げるように並べ、ラップをして電子レンジで2分加熱する。軽くほぐし、ボウルの底を水に浸けて、粗熱をとる。

2. 別のボウルにパックご飯を入れて手でほぐし、Bを加えて混ぜる。a、b

3. 厚手の鍋の内側にギー小さじ1を塗り広げて中火で熱し、1の鶏肉を加え、水けを飛ばしながら3〜5分炒める。

4. 2のパックご飯、フライドオニオン大さじ1強、ギー小さじ2、牛乳を加え、混ぜながらご飯が温まるまで加熱する。ふたをして弱火にし、さらに2分加熱する。

5. 器に移し、フライドオニオン適量と香菜を散らす。

パラパラの食感に仕上げたいのでしっかりほぐし、スパイスをなじませる。

NOTE

◎ すべてのラーエター → p70 とミルチィ・カ・サーラン → p89 が合う。

◎ ゆで卵を加えることもある。4でフライドオニオンなどといっしょに鍋底にゆで卵（固ゆで）を2個加える。

◎ インディカ米のパックご飯があれば、それでも同様に作れる。

ベンガルのチキンビリヤニ

ベンガル地方にはイスラーム教徒が多く住むエリアがあり、独自のビリヤニ文化が発達しています。本来は使う米の種類も違うのですが、鍋は1つでOKで、順に材料を入れて炊くだけという作り方は、簡単かつ時短にも有効なので、ぜひご紹介したく思いました。もちろん日本の家庭で作りやすいようアレンジしています。ゆで卵が味と見た目のアクセントです。

Spices
☐ レッドペッパー（パウダー）
☐ ターメリック
☐ クミン（パウダー）
☐ コリアンダー（パウダー）
☐ カルダモン（ホール）
☐ シナモン（スティック）

材料 （2～3人分）

インディカ米　1カップ
　　▶ざっと洗ってざるに上げる
鶏もも肉　300g
　　▶2cm角に切る
ゆで卵（固ゆで）　2個
フライドオニオン　大さじ2
香菜（粗みじん切り）　1/2カップ
炒め玉ねぎ → p13　1/2かけ + 1/2かけ
塩　小さじ1/2 + 小さじ1弱
熱湯　370mℓ
A
　プレーンヨーグルト（無糖）　大さじ1
　レッドペッパー（パウダー）　小さじ1/3
　ターメリック　小さじ1/3
　クミン（パウダー）　小さじ1
　コリアンダー（パウダー）　小さじ1
　カルダモン（ホール）　2個
　　▶さやを割る
　シナモン（スティック）　3cm×2本

作り方

1. 厚手の鍋に炒め玉ねぎ1/2かけを入れて中火で熱し、玉ねぎが温まったら鶏肉と塩小さじ1/2を加えて炒める。鶏肉に火が通ったらいったん取り出す。a

2. 同じ鍋に炒め玉ねぎ1/2かけを入れて中火で熱し、玉ねぎが温まったらAを加えて、香りが出るまで炒める。

3. 熱湯と塩小さじ1弱を加え、煮立ったら米を加えてざっと混ぜる。再び煮立ったらふたをして弱火にし、8分炊く。途中で1回ふたを開けて全体を混ぜる。b、c

4. 1の鶏肉とゆで卵を加えてざっと混ぜ、再びふたをしてさらに5分炊く。火を止め、そのまま5分蒸らす。d

5. 水分がまんべんなく行き渡るように混ぜ、器に移し、フライドオニオンと香菜を散らす。

NOTE

◎ 基本のラーエター → p70 が合う。

a

肉には先に味をつけて、火を通しておく。

b

あとから水分を加えるのではなく、浸水していない米を水分の中に加えるのがポイント。

c

ほぐしつつ、少し水分を逃がす。この作り方だと仕上がりの色や味は均一になる。

d

肉はしみ出てきた汁もいっしょに入れる。

日本米で作る ベンガルのチキンビリヤニ

「ベンガルのチキンビリヤニ」→ p80 を日本米で作る場合のレシピです。これはこれでまた違ったおいしさがあります。浸水や炊飯の時間が異なりますが、基本的にはほぼ同じ作り方。ところが仕上がりはまったく異なり、インディカ米と日本米のそれぞれのよさを再認識できるレシピになっています。

Spices

- ☐ レッドペッパー（パウダー）
- ☐ ターメリック
- ☐ クミン（パウダー）
- ☐ コリアンダー（パウダー）
- ☐ カルダモン（ホール）
- ☐ シナモン（スティック）

材料 （2～3人分）

日本米　1.5合
　▶ざっと洗って10分浸水しざるに上げる a
鶏もも肉　300g
　▶2cm角に切る
ゆで卵（固ゆで）　2個
フライドオニオン　大さじ2
香菜（粗みじん切り）　1/2カップ
炒め玉ねぎ → p13　1/2 かけ + 1/2 かけ
塩　小さじ 1/2 + 小さじ 1 弱
熱湯　370㎖
A
　プレーンヨーグルト（無糖）　大さじ1
　レッドペッパー（パウダー）　小さじ 1/3
　ターメリック　小さじ 1/3
　クミン（パウダー）　小さじ1
　コリアンダー（パウダー）　小さじ1
　カルダモン（ホール）　2個
　　▶さやを割る
　シナモン（スティック）　3cm× 2本

作り方

1. 厚手の鍋に炒め玉ねぎ 1/2 かけを入れて中火で熱し、玉ねぎが温まったら鶏肉と塩小さじ 1/2 を加えて炒める。鶏肉に火が通ったらいったん取り出す。

2. 同じ鍋に炒め玉ねぎ 1/2 かけを入れて中火で熱し、玉ねぎが温まったら A を加えて、香りが出るまで炒める。

3. 熱湯と塩小さじ1弱を加え、煮立ったら米を加えてざっと混ぜる。再び煮立ったらふたをして弱火にし、7分炊く。途中で1回ふたを開けて全体を混ぜる。

4. 1の鶏肉とゆで卵を加えてざっと混ぜ、再びふたをしてさらに8分炊く。火を止め、そのまま10分蒸らす。

5. 器に移し、フライドオニオンと香菜を散らす。

NOTE

◎　すべてのラーエター → p70 が合う。

日本米の場合は少し浸水させる。炊き時間も微調整しているので要注意。

鶏肉とパイナップルのビリヤニ

メインの食材は市販のサラダチキン。そしてパイナップルもカットされたものがスーパーに売られているので、それで十分です。これだけでかなりの時短になります。チキンにはピリッとした下味、パイナップルには炒めた玉ねぎの甘みを加えて、異なる方向性の味をつけることで、それぞれの素材が生きてきます。食紅は省いても構いませんが、ビリヤニらしい品格が出ます。

Spices
□ 赤唐辛子
□ レッドペッパー（パウダー）
□ ターメリック
□ ブラックペッパー（パウダー）
□ テージパッター
□ ホワイトペッパー（パウダー）

材料 （2～3人分）

インディカ米　1カップ
　▶洗わずに4分浸水し、ざるに上げる
サラダチキン（プレーン）　2パック（220g）
　▶幅1cmほどに裂く　**a**
パイナップル　140g
　▶2cm角に切る
レーズン　適量
香菜（粗みじん切り）　1/3カップ
ギー → p12　小さじ2

A
　青唐辛子（小口切り）　1本分
　しょうが（すりおろし）　小さじ1
　ホワイトペッパー（パウダー）　小さじ1/2

B
　炒め玉ねぎ → p13　1かけ
　　▶冷凍していた場合は解凍する
　レッドペッパー（パウダー）　小さじ1/4
　ブラックペッパー（パウダー）　小さじ1/3
　塩　小さじ2/3

C
　赤唐辛子　2本
　テージパッター（またはローリエ）　2枚
　塩　小さじ1/2
　サラダ油　小さじ1

D ▶混ぜ合わせる
　ターメリック　小さじ1/2
　サラダ油　小さじ2/3

E ▶混ぜ合わせる　**b**
　［あれば］食紅　少々
　水　小さじ1/2

F ▶混ぜ合わせる
　鶏がらスープの素　小さじ1
　熱湯　40mℓ

作り方

1. ボウルにサラダチキンとAを入れ、よく混ぜる。

2. 別のボウルにパイナップルとBを入れ、よく混ぜる。

3. 鍋に水600mℓ（分量外）を入れて強火で熱し、煮立ったらCを加えて中火にして、1分煮る。

4. インディカ米を加えてひと混ぜし、ときどき混ぜながら6分ゆでる。ざるに上げて水けをきり、すぐに鍋に戻す（スパイスも）。ギーを加えてざっと混ぜ、ふたをしてそのまま置いておく。

5. 厚手の鍋に4の米の半量を入れ、DとEをそれぞれ2か所に穴を掘って半量ずつ垂らす。**c**

6. 1のサラダチキン、2のパイナップル、4の残りの米を順に加えて平らにならし、Fを回しかける。香菜をのせ、ふたをして強めの中火で2分、弱火にしてさらに15分炊く。**d**

7. いったんふたを開け、鍋底からざっくりと上下を返すよう軽く混ぜ、再びふたをして、火を止めて5分蒸らす。器に盛り、レーズンを散らす。

NOTE

◎ サラダチキンは余計な風味がついていないもの。パイナップルは缶詰はNG。レーズンはサルタナレーズンがおすすめだが、普通のものでも構わない。

◎ 基本のラーエター → p70、基本のラーエターにグリーンチャトニー → p73、またはガルワールのトマトチャトニー → p73 を混ぜたもの、アボカドのラーエター → p70 がよく合う。

市販のもの。できるだけ風味がついていないものがよい。もちろん自分で作った胸肉の蒸し鶏などで代用してもよい。

Eの食紅の量はこれくらい。味には影響ないので、食紅がなければEは省いてもよい。

食紅が入ると仕上がりがまだらになって美しい。もちろんほかのビリヤニのレシピで応用してもOK。

鍋には米→サラダチキン→パイナップル→米→F→香菜の順に重ねて入れる。

ラムビリヤニ

Lamb Biryani → **p88**

Salan Gravy → **p89**

ミルティ・カ・サーラン

ラムビリヤニ

ラムやヤギのビリヤニでは、本来は骨つきの肉をごろっと使いますが、手軽にできるよう、風味はそのままに作ることができる焼き肉用のスライスを採用しました。肉に合わせてスパイスの品数は多めです。複雑な香りを楽しんでください。肉から油があまり出てこなかったときは、サラダ油を足します。香菜とミントは惜しまずたっぷり使いましょう。

材料 （2〜3人分）

インディカ米　1カップ
　▶洗わずに4分浸水し、ざるに上げる
ラムロース厚切り肉（焼き肉用）　8切れ（250g）
ゆで卵（固ゆで）　2個
フライドオニオン　大さじ山盛り1＋大さじ山盛り1
香菜（粗みじん切り）　適量
ミントの葉　適量
牛乳　50mℓ
クミン（ホール）　小さじ1/2
ギー → p12　大さじ1
サラダ油　大さじ1
塩　小さじ2/3

A
| 香菜（粗みじん切り） | 合計1/2カップ |
| ミントの葉 | |
青唐辛子（小口切り）　1本分
炒め玉ねぎ → p13　1かけ
プレーンヨーグルト（無糖）　大さじ2
レッドペッパー（パウダー）　小さじ1/3
ターメリック　小さじ1/2
クミン（パウダー）　小さじ1
コリアンダー（パウダー）　小さじ1強
塩　小さじ1弱

B
カルダモン（ホール）　2個
　▶さやを割る
シナモン（スティック）　3cm
クローブ（ホール）　2個
スターアニス　1かけ

C
カルダモン（ホール）　2個
　▶さやを割る
シナモン（スティック）　3cm
テージパッター（またはローリエ）　1枚
スターアニス　2かけ

D　▶混ぜ合わせる
ターメリック　小さじ1/2
サラダ油　小さじ2/3

作り方

1. 耐熱性のボウルに**A**を入れて混ぜ、ラム肉を加えてよく絡める。ラム肉をボウルの側面に広げるようにして並べ、ラップをして電子レンジで2分加熱する。軽くほぐし、ボウルの底を水に浸けて、粗熱をとる。a

2. 鍋に水600mℓ（分量外）を入れて強火で熱し、煮立ったら**B**を加えて中火にして、1分煮る。

3. インディカ米を加えてひと混ぜし、ときどき混ぜながら6分ゆでる。ざるに上げて水けをきり、すぐに鍋に戻してふたをして、そのまま置いておく。

a

電子レンジであらかじめ火を入れておくことで時短に。ラム肉はくせが強いので下味のスパイスやハーブは多め。

NOTE

◎ すべてのラーエター → p70 とミルチィ・カ・サーランが合う。

NOTE

◎ すべてのラーエター → p70 とミルチィ・カ・サーランが合う。

◎ ラムはジンギスカン用の丸く薄いスライス肉は筋が強いので不向き。

◎ 6で油があまりしみ出てこなかったらサラダ油大さじ1を足す。

◎ クラシックな肉のビリヤニにはミルチィ・カ・サーランもいっしょに添えることで、ハイダラーバードのスタイルになり、複雑でリッチな食事になる。

4. 厚手の鍋にギーとサラダ油を入れて中火で熱し、クミン数粒を加えて、泡が出てきたら残りのクミンを加える。色がついて香りが出たら C を加え、弱火にして1分炒める。b

5. ゆで卵を加え、1分炒めて取り出す。c

6. 1のラム肉と塩を加え、強めの中火で3〜4分炒める。油がしみ出てきたら火を止め、油をとり分けておく。d

7. 5のゆで卵と3の米を加えて平らにならし、D を2か所に軽く穴を掘って半量ずつ垂らす。牛乳を回し入れ、フライドオニオン大さじ山盛り1と6でとり分けておいた油を加え、ふたをして強めの中火で2分、弱火にしてさらに15分炊く。e

8. いったんふたを開け、鍋底からざっくりと上下を返すように軽く混ぜ、再びふたをして、火を止めて5分蒸らす。器に盛り、香菜、ミントの葉、フライドオニオン大さじ山盛り1を散らす。

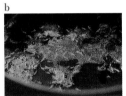

先にクミンを入れるのは油に香りを抽出するため。

卵に香りをまとわせるプロセス。取り出すときにはスパイスなどがついていてもOK。

固形物が少々混ざっていても問題ない。大さじ1強ほどとっておけば十分。

とり分けておいた油はここで加えて米にしみ込ませる。

ミルチィ・カ・サーラン

これだけではその価値はわかりませんが、ラーエターとともにビリヤニにかけると、なんともいえず、味わいが増すのです。おいしく食べられるギリギリの辛さにまとめました。ピーナッツバターや、タマリンドの代わりに酢とレモンを使って簡略化しています。

材料 (4人分)

青唐辛子　2本
　▶小口切りにする
白すりごま　大さじ2
ピーナッツバター(無糖)
　　大さじ2強(40g)
レモン汁　小さじ2
レッドペッパー(パウダー)　小さじ1/4
ターメリック　小さじ1/4
コリアンダー(パウダー)　小さじ1
砂糖　小さじ2
酢　小さじ1
塩　小さじ1/2
サラダ油　小さじ2

作り方

1. 鍋に酢とレモン汁以外の材料すべてを入れて混ぜ合わせ、弱火で熱する。温かくなったら水150mℓ(分量外)を加え、中火にして混ぜながら沸騰させる。a

2. 弱火にして1分煮、酢とレモン汁を加え混ぜる。

NOTE

◎ ピーナッツバターはクリーム状のものでも粒入りのものでもそれぞれおいしい。

水を入れる前に混ぜてなめらかにしておく。

Onion Salad → **p93**

オニオンサラダ

Beef Biryani → **p92**

ビーフ ビリヤニ

ビーフ ビリヤニ

ヒンドゥー教徒が食べない牛肉も、イスラームではよく使われる食材。少量を短時間で炊くときには、さいころステーキ用の牛肉を使うと、固くなりすぎることなく、火の通りもよく、味のしみ込みも十分。ソフトな食感はエリンギにぴったり合います。ライスはこしょう味で大人っぽく仕上げました。フライドオニオンに加えて、生の玉ねぎやにんにくを足してあり、さらにクレソンの苦みも合わせると、より一層スパイスの香りがよくわかることでしょう。

Spices
☐ レッドペッパー (パウダー)
☐ ターメリック
☐ クミン (ホール)
☐ ブラックペッパー (パウダー)
☐ シナモン (スティック)
☐ ガラムマサラ
☐ クローブ (ホール)

材料 (2〜3人分)

インディカ米　1 カップ
　▶洗わずに4分浸水し、ざるに上げる
牛さいころステーキ用肉　250g
　▶冷凍しておく　a
エリンギ　中2本
　▶高さを3等分に切る
玉ねぎ　1/4 個
　▶高さを3等分に切り、それぞれ縦に薄切りにする
青唐辛子　1本
　▶小口切りにする
にんにく　1/2 かけ
　▶薄切りにする
フライドオニオン　大さじ2 +大さじ1 +適量
クレソン　適量
牛乳　40mℓ
クミン (ホール)　小さじ 1/2
ギー → p12　大さじ1強+小さじ2
サラダ油　大さじ1

A
　ブラックペッパー (パウダー)　小さじ 1/3
　塩　小さじ 1/3
B
　ブラックペッパー (パウダー)　小さじ 1/4
　シナモン (スティック)　3cm× 2 本
　クローブ (ホール)　3 粒
　塩　小さじ 1/2
　サラダ油　小さじ 1/2
C
　レッドペッパー (パウダー)　小さじ 1/4
　ターメリック　小さじ 1/3
　ガラムマサラ　小さじ 2
　しょうゆ　大さじ 1
D　▶混ぜ合わせる
　ターメリック　小さじ 1/2
　サラダ油　小さじ 2/3
E　▶混ぜ合わせる
　香菜 (粗みじん切り)　1 つかみ
　ミントの葉　1/2 つかみ

作り方

1. ボウルに牛肉と **A** を入れてざっと混ぜ、半解凍の状態にする。

2. 鍋に水600mℓ (分量外) を入れて強火で熱し、煮立ったら **B** を加えて中火にして、1分煮る。

3. インディカ米を加えてひと混ぜし、ときどき混ぜながら6分ゆでる。ざるに上げて水けをきり、すぐに鍋に戻してふたをして、そのまま置いておく。

4. 厚手の鍋にギー大さじ1強とサラダ油を入れて中火で熱し、クミン数粒を加えて、泡が出てきたら残りのクミンを加え、色がついて香りが出るまで炒める。

a

安価なさいころステーキ用の肉を使う。半解凍くらいで焼くとちょうどよいやわらかさに仕上がる。

5. にんにくを加え、軽く色づいて香りが出てきたら、**1**の牛肉と青唐辛子を加える。牛肉の表面が軽く焼けたら**C**を加え、30秒炒める。牛肉を取り出し、油と肉汁はとり分けておく（ほかの具材はそのまま残す）。**b**、**c**

6. 同じ鍋にエリンギと玉ねぎを加えて中火で1分炒め、フライドオニオン大さじ2を加えてざっと混ぜて、火を止める。**d**

7. **5**の牛肉と**3**の米を加えて平らにならし、**D**を2か所に軽く穴を掘って半量ずつ垂らす。ギー小さじ2を2か所に半量ずつ置き、**E**の半量とフライドオニオン大さじ1を散らし、牛乳と**5**でとり分けておいた油と肉汁を回しかける。ふたをし、強めの中火で2分、弱火にしてさらに15分炊く。

8. いったんふたを開け、鍋底からざっくりと上下を返すように軽く混ぜ、再びふたをして、火を止めて5分蒸らす。器に盛り、残りの**E**とフライドオニオン適量を散らし、クレソンを添える。

NOTE

◎ **7**で牛肉といっしょに固ゆでのゆで卵2個を加えてもおいしい。

◎ すべてのラーエター→**p70**と基本のラーエターにガルワールのグリーンチャトニー→**p72**を混ぜたもの、ミルチィ・カ・サーラン→**p89**がよく合う。

b
この段階では牛肉には完全に火を通さなくてもよい。手早く作業して。

c
牛肉とそれ以外は別々にとり分けておく。油と肉汁はいっしょにしておいて構わない。

d
エリンギは大きめ。ここでは火を通すというより、風味をまとわせる。

オニオンサラダ

肉のスパイス料理に生玉ねぎはつきもの。スライスしただけでは玉ねぎの臭みが香菜などに勝ってしまうので、塩水に浸けてから絞ると食べやすくなります。食べ慣れるとインド料理のつけあわせとして常に欲しくなる、そういう種類のサイドです。

材料（作りやすい分量）

紫玉ねぎ　1/2個
香菜（みじん切り）　少々
塩　小さじ2

作り方

紫玉ねぎはスライサーで薄切りにし、塩を溶かし混ぜた水1ℓ（分量外）に5分浸す。水けを絞り、香菜と混ぜる。**a**

NOTE

◎ 新玉ねぎでもおいしく作れる。

a
スライサーがなければできるだけ薄く切る。

えびの
レモンガーリック ビリヤニ

不純物が含まれないギーは、煙が出る温度が 250℃と高く、焦がさずに香り高くスパイスやにんにくの香りを抽出することが可能です。それでえびに火を通すと、えびから出てくるだしにも臭みがなく、のみならずそれで米を炊くことさえできます。むきえびは冷凍ものでもターメリックで洗えば臭みなし。レモンやハーブを加えて、飽きない味に仕上げました。

材料 (2～3人分)

インディカ米　1カップ
　▶洗わずに4分浸水し、ざるに上げる
むきえび (中)　240g
　▶背わたを取り、酢小さじ1とターメリック小さじ1/2を加え混ぜた水500㎖ (すべて分量外) で洗い、ざるに上げて水けをきる
にんにく　1と1/2かけ
　▶3～4等分に切り、つぶす
レモン (薄切り)　3枚
フライドオニオン
　大さじ山盛り2＋大さじ山盛り2＋適量
赤唐辛子　3本
ガラムマサラ　小さじ1/3
ギー → p12
　大さじ1と1/2＋小さじ1＋大さじ1
A
　ホワイトペッパー (パウダー)　小さじ1/2
　塩　小さじ1/2
B
　レモン汁　小さじ1
　塩　小さじ1
C
　ブラックペッパー (ホール)　10粒
　　▶叩いてつぶす
　カルダモン (ホール)　2個
　　▶さやを割る
　シナモン (スティック)　3cm×2本
　クローブ (ホール)　2粒
D　▶混ぜ合わせる
　ターメリック　小さじ1/2
　サラダ油　小さじ2/3
E　▶混ぜ合わせる
　香菜 (粗みじん切り)　1つかみ
　ミントの葉　1/2つかみ

作り方

1. フライパンにギー大さじ1と1/2、にんにく、赤唐辛子を入れて弱火で2～3分熱し、香りが出たら赤唐辛子を取り出す (とっておく)。

2. 中火にしてえびを加え、色が変わったら **A** を加えて炒める。えびに火が通ったらボウルで受けたざるに上げて、えびと汁を別々にとっておく。汁に **B** を加え、よく混ぜる。a

3. 鍋に水600㎖ (分量外) を入れて強火で熱し、煮立ったら **C** を加えて中火にして、1分煮る。インディカ米を加えてひと混ぜし、ときどき混ぜながら6分ゆでる。ざるに上げて水けをきり、すぐに鍋に戻してふたをして、そのまま置いておく。

4. 厚手の鍋の内側にギー小さじ1を塗り広げ、3の米の1/2量を入れて平らにならす。えび、フライドオニオン大さじ山盛り2、残りの米を順にのせて平らにならし、**D** を2か所に軽く穴を掘って半量ずつ垂らし、ガラムマサラをふる。

5. 1の赤唐辛子、**E** の半量、フライドオニオン大さじ山盛り2を加え、ギー大さじ1を3等分に分けて散らす。レモンを差し込み、2の汁を回しかける。ふたをし、強めの中火で2分、弱火にしてさらに15分炊く。b

6. いったんふたを開け、鍋底からざっくりと上下を返すように軽く混ぜ、再びふたをして、火を止めて5分蒸らす。器に盛り、残りの **E** とフライドオニオン適量を散らす。

NOTE

◎ すべてのラーエター → p70、基本のラーエターにガルワールのグリーンチャトニー → p72、またはガルワールのトマトチャトニー → p73 を混ぜたものがよく合う。

a えびから出た汁もうまみの宝庫。味を調えて、のちほど5で米を炊く際に加える。

b レモンは米に差し込む。さっぱりとした後味に仕上がる。

かじきまぐろの
ビリヤニ

本来は肉の料理であったビリヤニが、海に面するケーララ州やウエストベンガル州までたどり着くと、シーフードでも作られるようになりました。ここでは食べやすいかじきまぐろのビリヤニをご紹介します。肉と異なり、魚は火の通り方に差が出ないので、ほかの白身魚で作っても、作り方やスパイス使いは同じで構いません。ただし小骨が多い魚は避けたほうがよいでしょう。

Spices
☐ **赤唐辛子**
☐ **レッドペッパー**（パウダー）
☐ **ターメリック**
☐ **コリアンダー**（パウダー）
☐ **カルダモン**（ホール）
☐ **シナモン**（スティック）
☐ **マスタードシード**
☐ **フェンネル**（ホール）
☐ **テージパッター**
☐ **ホワイトペッパー**（パウダー）

材料（2～3人分）

インディカ米　1カップ
　▶洗わずに4分浸水し、ざるに上げる
かじきまぐろ（切り身）　2切れ
　▶4等分に切る
香菜（粗みじん切り）　大さじ3＋適量
ミントの葉　大さじ2＋適量
フライドオニオン　大さじ山盛り1
赤唐辛子　2本
マスタードシード　小さじ1/2
ギー → p12　小さじ2
サラダ油　大さじ1
A
　香菜（粗みじん切り）　大さじ2
　ミントの葉　大さじ1
　炒め玉ねぎ → p13　1かけ
　にんにく（すりおろし）　小さじ1
　しょうが（すりおろし）　小さじ1
　プレーンヨーグルト（無糖）　大さじ2
　レモン汁　小さじ2
　レッドペッパー（パウダー）　小さじ1/4
　ターメリック　小さじ1/3
　コリアンダー（パウダー）　小さじ1
　ホワイトペッパー（パウダー）　小さじ1/3
　塩　小さじ1
B
　しょうが（薄切り）　4枚
　カルダモン（ホール）　3個
　　▶さやを割る
　シナモン（スティック）　3cm×2
　フェンネル（ホール）　小さじ2/3
　テージパッター（またはローリエ）　2枚
　塩　小さじ1/2
　サラダ油　小さじ1
C　▶混ぜ合わせる
　ターメリック　小さじ1/2
　サラダ油　小さじ2/3
D　▶混ぜ合わせる
　鶏がらスープの素　小さじ1/2
　熱湯　50㎖

作り方

1. ボウルにAを入れて混ぜ、かじきまぐろを加えてよく絡める。

2. 鍋に水600㎖（分量外）を入れて強火で熱し、煮立ったらBを加えて中火にして、1分煮る。

3. インディカ米を加えてひと混ぜし、ときどき混ぜながら6分ゆでる。ざるに上げて水けをきり、すぐに鍋に戻してふたをして、そのまま置いておく。

4. 厚手の鍋にサラダ油を入れて中火で熱し、マスタードシード数粒を加えて、弾け始めたら残りのマスタードシードと赤唐辛子を加える。さらに勢いよく弾けてきたら1のかじきまぐろをAごと加え、Aを絡めながら1分30秒焼き、火を止める。出てきた汁の2/3ほどをとり分けておく。a、b

5. 3の米を加えて平らにならし、Cを2か所に軽く穴を掘って半量ずつ垂らす。香菜大さじ3、ミント大さじ2、フライドオニオンを散らし、4でとり分けた汁をのせ、ギーを2か所に半量ずつ置き、Dを回しかける。ふたをし、強めの中火で2分、弱火にしてさらに15分炊く。

6. いったんふたを開け、鍋底からざっくりと上下を返すように軽く混ぜ、再びふたをして、火を止めて5分蒸らす。器に盛り、香菜とミント各適量を散らす。

NOTE

◎ トマトとしょうがのラーエター → p70、基本のラーエター → p70にガルワールのグリーンチャトニー → p72を混ぜたものがよく合う。

◎ かじきまぐろはできれば生のもので。一度冷凍したものはビリヤニにすると臭みが出やすい。

a
マスタードシードはかなり激しく弾けることがあるので、ふたをかぶせておくとよい。

b
のちほど米を炊く際に上にのせるのでとり分けておく。

牡蠣ビリヤニ

インド人は貝類をほとんど食べませんが、それは主に見た目と衛生状態が原因です。こうしたビリヤニは日本ならではのぜいたくと言えましょう。ポイントは牡蠣を蒸し煮にして、しっかりうまみを引き出しておくこと。スパイスにはインド料理では珍しい花椒を使用。独特の風味でメリハリを利かせます。

Spices
□ 赤唐辛子
□ ターメリック
□ ガラムマサラ
□ クローブ (ホール)
□ スターアニス
□ 花椒 (ホール)

材料 (2〜3人分)

インディカ米　1カップ
▶洗わずに4分浸水し、ざるに上げる

牡蠣　8〜10個 (200g)
▶ざるに上げ、流水でよく洗ったあと、ターメリック小さじ1を加え混ぜた水200㎖ (ともに分量外)をかけてすすぎ、水けをきる

細ねぎ　5本
▶根元から15cmくらいまで斜め切りにし、残りの青い部分は小口切りにする　a

青唐辛子　1本
▶小口切りにする

フライドオニオン　大さじ山盛り2
香菜 (粗みじん切り)　適量
炒め玉ねぎ → p13　1かけ
ギー → p12　大さじ1

A
| しょうが (薄切り)　3枚
| 酒　大さじ2
| 白だし　小さじ1と1/2

B
| 赤唐辛子　1本
| クローブ (ホール)　3粒
| スターアニス　2個
| 花椒 (ホール)　小さじ1/2　b
| 塩　小さじ1/2

C
| しょうゆ　小さじ1と1/2
| ガラムマサラ　小さじ1
| 塩　小さじ1/4

D　▶混ぜ合わせる
| ターメリック　小さじ1/2
| サラダ油　小さじ1

作り方

1. 小鍋に牡蠣とAを入れて強火で30秒熱し、湯気が出たらふたをして弱火にし、2分蒸し煮にする。火を止め、そのまま置いておく。c

2. 別の鍋に水600㎖ (分量外)を入れて強火で熱し、煮立ったらBを加えて中火にして、1分煮る。

3. インディカ米を加えてひと混ぜし、ときどき混ぜながら6分ゆでる。ざるに上げて水けをきり、すぐに鍋に戻してふたをして、そのまま置いておく。

4. 厚手の鍋に炒め玉ねぎ、斜め切りにした細ねぎ、青唐辛子、Cを入れて混ぜながら中火で熱し、全体が温まったら火を止める。

5. 1の牡蠣としょうがを加え (煮汁はとっておく)、ざっと混ぜる。

6. 3の米を加えて平らにならし、Dを2か所に軽く穴を掘って半量ずつ垂らす。小口切りにした細ねぎの半量を散らし、5でとっておいた煮汁を回しかけ、ギーを3等分に分けて散らす。ふたをし、強めの中火で2分、弱火にしてさらに15分炊く。

7. いったんふたを開け、残りの小口切りにした細ねぎを加え、鍋底からざっくりと上下を返すように軽く混ぜる。再びふたをして、火を止めて5分蒸らす。器に盛り、フライドオニオンと香菜を散らす。

NOTE

◎ 基本のラーエター → p70 にグリーンチャトニー → p73、またはガルワールのグリーンチャトニー → p72 を混ぜたものがよく合う。トマトとしょうがのラーエター → p70 もよい。

a

用途に応じて切り方は違う。

b

四川料理などでよく使われるスパイス。

c

牡蠣のうまみを凝縮させるプロセス。煮汁もとっておく。

きのこのビリヤニ

近年はベジタリアンにも対応したビリヤニも増えてきています。その点、きのこはだしも出るし、日本では品種も多いので、ビリヤニに最適の素材。きのこのうまみを上手に炊き込むことができれば、炒めたり煮たりしなくても十二分においしく仕上がります。酸味と色のアクセントにはミニトマト。一年を通じて入手しやすく、切る手間もないので、＋αにちょうどよい野菜です。

Spices
☐ **ターメリック**
☐ **ブラックペッパー** (ホール)
☐ **カルダモン** (ホール)
☐ **シナモン** (スティック)
☐ **クローブ** (ホール)

材料 (2〜3人分)

インディカ米　1カップ
　▶洗わずに4分浸水し、ざるに上げる
ブラウンマッシュルーム　大5〜6個
エリンギ　中1本
しいたけ　4枚
　▶ひと口大に切る
しめじ　100g
　▶ほぐす　a
ミニトマト　6個
しょうが　1/2かけ
　▶できるだけ細いせん切りにする
香菜 (粗みじん切り)　1/2カップ＋適量
炒め玉ねぎ → p13　1かけ
ターメリック　小さじ1/3
塩　小さじ1弱
ギー → p12　小さじ2
サラダ油　大さじ2
A
　しょうが (薄切り)　4枚
　ブラックペッパー (ホール)　10粒
　　▶叩いてつぶす　b
　塩　小さじ1/2
　サラダ油　小さじ1
B
　カルダモン (ホール) 2個
　　▶さやを割る
　シナモン (スティック)　3cm
　クローブ (ホール)　3粒
C　▶混ぜ合わせる
　鶏がらスープの素　小さじ1強
　熱湯　80mℓ

作り方

1. 鍋に水600mℓ (分量外) を入れて強火で熱し、煮立ったら **A** を加えて中火にして、1分煮る。

2. インディカ米を加えてひと混ぜし、ときどき混ぜながら6分ゆでる。ざるに上げて水けをきり、すぐに鍋に戻してふたをして、そのまま置いておく。

3. 厚手の鍋にサラダ油を入れて弱火で熱し、**B** を加えて香りが出るまで1分炒める。炒め玉ねぎを加えて中火にし、全体が温まったらターメリックを加え、1分炒める。

4. きのこと塩を加えて1分炒め、火を止めてきのこを取り出す。

5. すぐに同じ鍋にギーを入れて余熱で溶かし (鍋底に焦げがあったらはがしておく)、**2** の米を加えて平らにならす。

6. ミニトマトを埋め込み、**4** のきのこをのせ、しょうがと香菜1/2カップを散らし、**C** を回しかける。ふたをし、強めの中火で2分、弱火にしてさらに15分炊く。

7. いったんふたを開け、鍋底からざっくりと上下を返すように軽く混ぜ、再びふたをして、火を止めて5分蒸らす。器に盛り、香菜適量を散らす。

NOTE

◎ 基本のラーエター → p70、基本のラーエターにグリーンチャトニー → p73 を混ぜたもの、トマトとしょうがのラーエター → p70、ミルチィ・カ・サーラン → p89 がよく合う。

a

きのこの大きさはこの写真を参考に。

b

キッチンペーパーなどに包んで、めん棒やびん底を使うとよい。

鶏肉とごぼうの
きりたんぽ鍋風
ビリヤニ

うるち米で作る餅に汁を吸わせるきりたんぽ鍋と、やはり米が主役で、食材からしみ出てきた汁を米に吸わせて作るビリヤニには、料理としての共通項が多いように思います。ごぼうの食感とせりの香りを楽しみながら、改めて「米のおいしさ」を堪能してください。切ったトマトといっしょにぜひ。

材料 (2～3人分)

インディカ米　1カップ
　▶洗わずに4分浸水し、ざるに上げる
鶏手羽中　10本 (200g)
　▶骨の際に縦に切り込みを入れる
ごぼう　1本
　▶ ささがきにし、ターメリック小さじ1
　　を加え混ぜた水500㎖ (分量外) に
　　10分浸す　a
│しいたけ　4枚
│ブラウンマッシュルーム　大5～6個
│▶ 同じ大きさになるようそれぞれ2～4
　　等分に切り、合わせて塩小さじ1/2
　　(分量外) をまぶす　b
せり　1/2束 (40g)
　▶長さ2cmに切る
トマト　適量
　▶厚さ1cmの輪切りにする
ギー → p12　小さじ1
サラダ油　小さじ1
A
│炒め玉ねぎ → p13　1かけ
│しょうゆ　大さじ1
│白だし　小さじ2
│レッドペッパー (パウダー)　小さじ1/2
│ターメリック　小さじ1/2
│ブラックペッパー (パウダー)　小さじ1/4
│コリアンダー (パウダー)　小さじ1
│シナモン (パウダー)　1つまみ
│砂糖　小さじ1/2
│塩　小さじ2/3
B
│サラダ油　小さじ1
│塩　小さじ1/2
C　▶混ぜ合わせる
│白だし　小さじ1
│水　50㎖

作り方

1. 耐熱性のボウルにAを入れて混ぜ、鶏手羽中を加えてよく絡める。鶏手羽中をボウルの側面に広げるようにして並べ、ラップをして電子レンジで3分加熱する。軽くほぐし、ボウルの底を水に浸けて、粗熱をとる。

2. 鍋に水600㎖ (分量外) を入れて強火で熱し、煮立ったらBとインディカ米を加えて中火にし、ときどき混ぜながら6分ゆでる。ざるに上げて水けをきり、すぐに鍋に戻してふたをして、そのまま置いておく。

3. 厚手の鍋の内側にギーを塗り広げ、サラダ油を入れて中火で熱し、1の鶏手羽中を漬けだれを拭いながら皮目を下にして並べ、温まるまで加熱する (漬けだれはとっておく)。

4. 2の米を加えて平らにならし、ごぼうときのこを散らして、3で鶏手羽中から拭った漬けだれをのせ、Cを回しかける。ふたをし、弱火で15分炊く。c

5. いったんふたを開け、鍋底からざっくりと上下を返すように軽く混ぜ、せりをのせる。再びふたをして、火を止めて5分蒸らす。器に盛り、トマトを添える。

NOTE

◎ 基本のラーエター → p70、基本のラーエターにガルワールのグリーンチャトニー (ごま入り) → p72 を混ぜたものがよく合う。

ターメリックを溶いた水に浸けることでごぼうのあくが抜け、スパイスがなじむ。

サイズはこの写真を参考に。

鶏手羽中の漬けだれを拭って、別にとり分けておく。のちほど炊くときに米にのせる。

ちりめん山椒の 和風ビリヤニ

材料 (2〜3人分)

インディカ米　1カップ
　▶洗わずに4分浸水し、ざるに上げる
ちりめん山椒　40g＋40g
しめじ　130g
　▶ほぐす
しょうが　2/3かけ
　▶できるだけ細いせん切りにする
細ねぎ　5本
　▶長さ8mmに切る
木の芽(または好みのスプラウト)　適量
フライドオニオン
　大さじ山盛り2＋大さじ山盛り2
クミン(ホール)　小さじ1/2
粉山椒　適量
塩　2つまみ
サラダ油　大さじ1
A
｜赤唐辛子　2本
｜ブラックペッパー(ホール)　6粒
｜花椒(ホール)　小さじ1/2
｜塩　小さじ1/2
B　▶混ぜ合わせる
｜ターメリック　小さじ1/2
｜サラダ油　小さじ2/3
C　▶混ぜ合わせる
｜白だし　小さじ1
｜水　50ml

作り方

1. 鍋に水600ml(分量外)を入れて強火で熱し、煮立ったらAを加えて中火にして、1分煮る。

2. インディカ米を加えてひと混ぜし、ときどき混ぜながら6分ゆでる。ざるに上げて水けをきり、すぐに鍋に戻してふたをして、そのまま置いておく。

3. 厚手の鍋にサラダ油を入れて中火で熱し、クミン数粒を加えて、泡が出てきたら残りのクミンを加える。色がついて香りが出たらフライドオニオン大さじ山盛り2を加えてさっと混ぜ、さらにしめじと塩を加え、2分炒める。

4. ちりめん山椒40gを加えて30秒炒め、火を止めて、全体の半量をとり分けておく。a

5. 2の米の半量を加えて平らにならし、Bを2か所に軽く穴を掘って半量ずつ垂らす。4でとり分けた具材と細ねぎの半量を散らし、残りの米を加えて平らにならして、残りの細ねぎ、フライドオニオン大さじ山盛り2、しょうがをのせ、Cを回しかける。ふたをし、強めの中火で2分、弱火にしてさらに10分炊く。b、c

6. いったんふたを開け、鍋底からざっくりと上下を返すように軽く混ぜ、再びふたをして、火を止めて5分蒸らす。器に盛り、粉山椒をふって、ちりめん山椒40gと木の芽を散らす。

NOTE

◎ 基本のラーエター→p70、基本のラーエターにグリーンチャトニー→p73を混ぜたもの、トマトとしょうがのラーエター→p70がよく合う。

◎ ちりめん山椒は白っぽくさっと煮たものでも、茶色く釘煮にしたものでも、好みのものでOK。

ちりめん山椒が主役のビリヤニ。残りの半量は最後にトッピングする。

重ね方がやや複雑なので注意。具材の半量→米の半量→B→具材の半量→細ねぎの半量→米の半量→細ねぎの半量→フライドオニオン→しょうが→Cの順。この作業は手早く。

日本の誇るご飯のお供、ちりめん山椒。ビリヤニに合わないわけがありません。米を炊くときに、花椒や赤唐辛子といった刺激のあるスパイスを混ぜているので、じゃこがやや甘めでも引き締まります。春先にもし木の芽が手に入ったら、香菜のようにたっぷり混ぜ込むと豪華な仕上がりに。最後のひと口は、わさびを足してだし茶漬けにしてもおいしいでしょう。

Spices
□ 赤唐辛子
□ ターメリック
□ クミン (ホール)
□ ブラックペッパー (ホール)
□ 花椒 (ホール)
□ 粉山椒

グリーンカレー の
タイ風ビリヤニ

タイカレーの代表格、グリーンカレーをビリヤニにしました。ペーストはごく普通のものでOK。具も買いやすいものばかりなので、気軽に挑戦してみてください。そしてもしレモングラスやこぶみかんといった生のハーブが手に入ったら、ハーブで炊くビリヤニのおいしさを堪能できることでしょう。

材料 (2〜3人分)

インディカ米　1カップ
　▶洗わずに4分浸水し、ざるに上げる
鶏もも肉　250g
　▶2cm角に切る
なす(大きめの乱切り)　6切れ
たけのこ水煮　100g
　▶穂先はくし形、根元は横薄切りにする
しめじ　80g
　▶ほぐす
エリンギ　中1本
　▶3cm角に切る
トマト　1/2個
　▶6等分のくし形切りにする
レモン(輪切り)　3枚
香菜(粗みじん切り)　1/2カップ＋適量
ココナッツミルク　50mℓ
ギー → p12　小さじ2
サラダ油　大さじ2
A
　炒め玉ねぎ → p13　1かけ
　グリーンカレーペースト　大さじ2　a
B　b
　[あれば]レモングラスの根　10cm
　　▶4等分の斜め切りにする
　[あれば]こぶみかんの葉　3枚
　塩　小さじ1/2
C
　ターメリック　小さじ1/3
　塩　小さじ2/3

作り方

1. 耐熱性のボウルにAを入れて混ぜ、鶏肉を加えてよく絡める。鶏肉をボウルの側面に広げるように並べ、ラップをして電子レンジで2分加熱する。軽くほぐし、ボウルの底を水に浸けて、粗熱をとる。c

2. 鍋に水600mℓ(分量外)を入れて強火で熱し、煮立ったらBを加えて中火にして、1分煮る。

3. インディカ米を加えてひと混ぜし、ときどき混ぜながら6分ゆでる。ざるに上げて水けをきり、すぐに鍋に戻してふたをして、そのまま置いておく。

4. 厚手の鍋にサラダ油を入れて中火で熱し、1の鶏肉を加えて2分炒める。

5. なすとたけのこを加えて2分炒め、C、しめじとエリンギを順に加え、そのつどざっと混ぜる。

6. 3の米を加え、平らにならす。トマトと香菜1/2カップをのせ、ギーを2か所に半量ずつ置き、レモンを差し込んで、ココナッツミルクを回しかける。ふたをし、強めの中火で2分、弱火にしてさらに15分炊く。d

7. いったんふたを開け、鍋底からざっくりと上下を返すように軽く混ぜ、再びふたをして、火を止めて5分蒸らす。器に盛り、香菜適量を散らす。

NOTE

◎ 基本のラーエター → p70、基本のラーエターにグリーンチャトニー → p73を混ぜたもの、トマトとしょうがのラーエター → p70がよく合う。

◎ Bのレモングラスの代わりにハーブティー(レモングラス)のティーバッグ1個を代わりに加えるだけでもOK。1分煮出したら米を加える前に取り出す。

市販のタイカレーのペーストを使う。好みのものでOK。

こぶみかんとレモングラスはタイ料理でよく使われるハーブ。なければ省いて構わない。

鶏肉にタイカレーのペーストをまぶせば味つけはきまる。

トマトは「のせる」というよりも「埋め込む」。あふれそうなところをふたで押し込む。

魯肉ビリヤニ

台湾名物・魯肉飯の、肉と米と卵の組み合わせは、ビリヤニにそっくりです。「強い」スパイスが並びますが、角切りの豚バラ肉にはちょうどよいバランスでしょう。電子レンジも活用して、短時間でしっかりした味に仕上げています。食後感は意外とさっぱり。通常のビリヤニには固ゆでのゆで卵を入れますが、このレシピだけは断然半熟が向いていると思います。

Spices
☐ ターメリック
☐ ブラックペッパー (パウダー)
☐ シナモン (スティック)
☐ ガラムマサラ
☐ クローブ (ホール)
☐ スターアニス
☐ 粉山椒

材料 (2〜3人分)

インディカ米　1カップ
▶ 洗わずに4分浸水し、ざるに上げる
豚バラかたまり肉　250g
▶ 1cm角に切る
ゆで卵 (半熟)　3個
香菜 (粗みじん切り)　1/2カップ＋適量
たくあん　適量
粉山椒　小さじ1
ギー → p12　小さじ2
A
　炒め玉ねぎ → p13　1かけ
　ターメリック　小さじ1/2
　ブラックペッパー (パウダー)　小さじ1/2
　ガラムマサラ　小さじ2/3
　スターアニス　3かけ
　酒　小さじ2
　オイスターソース　小さじ1
　しょうゆ　小さじ1
　砂糖　小さじ1
　塩　小さじ1/2
B
　シナモン (スティック)　3cm×2本
　クローブ (ホール)　3粒
　スターアニス　2かけ
　塩　小さじ1/2
　サラダ油　小さじ1
C ▶ 混ぜ合わせる
　ウーロン茶 (熱くて濃いもの)　100mℓ
　鶏がらスープの素　小さじ1

作り方

1. 耐熱性のボウルに A を入れて混ぜ、豚肉を加えてよく絡める。豚肉をボウルの側面に広げるように並べ、ラップをして電子レンジで4分加熱する。軽くほぐし、ボウルの底を水に浸けて、粗熱をとる。

2. 厚手の鍋に 1 の豚肉を入れ、中火で3分炒める。油が出てきたらゆで卵を加え、転がしながら2分炒める。粉山椒をふり、いったん取り出す。a

3. 同じ鍋に水600mℓ (分量外) を入れて強火で熱し、煮立ったら B を加えて中火にして、1分煮る。

4. インディカ米を加えてひと混ぜし、ときどき混ぜながら6分ゆでる。ざるに上げて水けをきり、すぐに鍋に戻して平らにならす。

5. ギーを2か所に半量ずつ置き、2 の豚肉とゆで卵、香菜1/2カップをのせ、C を回しかける。ふたをし、強めの中火で1分、弱火にしてさらに15分炊く。

6. いったんふたを開け、鍋底からざっくりと上下を返すように軽く混ぜ、再びふたをして、火を止めて5分蒸らす。器に盛り、香菜適量を散らして、たくあんを添える。

NOTE

◎ 基本のラーエター → p70、基本のラーエターにガルワールのグリーンチャトニー → p72、またはガルワールのトマトチャトニー → p73 を混ぜたものがよく合う。

a

豚肉の下味をゆで卵にも移しておく。取り出したあとは鍋に残ったものをざっと拭き取っておく。

食後のレシピ②

スイーツ

ガージャル・カ・ハルワー

ボンベイ・カラーチー・ハルワー

ビーチ・ハルワー

にんじんで作る高級菓子

ガージャル・カ・ハルワー

材料（作りやすい分量）

にんじん　大1本（300g）
　▶すりおろす
カルダモン（ホール）　2個
　▶さやをはずし、種をほぐす
シナモン（スティック）　3cm
牛乳　150mℓ
生クリーム　適量
ブラウンシュガー（または上白糖）　30g
バター（食塩不使用）　25g

作り方

1. 鍋にバターを入れて中火で熱し、溶けたらにんじん、カルダモン、シナモンを加え、5分炒める。

2. 砂糖を加え、さらに5分炒める。

3. 牛乳を加え、10分煮る。水分がなくなり、もったりしたらできあがり。器に盛り、生クリームを泡立てて添える。a

a

全体にまとまりが出てきたら完成。加熱することでにんじんの甘みが引き出される。

110

もちっとした食感がくせになる　**ボンベイ・カラーチー・ハルワー**

材料（作りやすい分量）

好みのドライフルーツ数種
　合計大さじ 3 〜 4
カルダモン（ホール）　2 個
　▶さやをはずし、種をほぐす
ギー → p12　小さじ 2 ＋小さじ 2
A
　グラニュー糖（または上白糖）　80g
　水　100mℓ
B　▶混ぜ合わせる
　コーンスターチ　40g
　水　200mℓ
C
　食紅　少々
　水　小さじ 1

作り方

1. フッ素樹脂加工のフライパンに A を入れて強火で熱し、沸騰させる。B を再度混ぜてから加えて中火にし、鍋底にこびりつかないようはがしながら10分混ぜ続ける。a

2. 全体がどろっとしてきたら、C、ギー小さじ 2、カルダモンを順に加え、そのつどざっと混ぜる。弱火にし、混ぜながら 3 分煮る。

3. ギー小さじ 2 を加え、ざっと混ぜる。透きとおって、全体がひとつにまとまってきたら火を止める。ドライフルーツを加えてざっと混ぜ、ギー適量（分量外）を塗ったバットに移して平らにならし、そのままおいて粗熱をとり、好みの大きさに切り目を入れる。b

7 分を超えた頃から透明度が出てくる。白濁しているうちは先に進まないこと。

ラップをして常温保存。2 〜 3 日はOK。温かいうちに好みの大きさに切れ目を入れる。

桃のやさしい甘み　**ピーチ・ハルワー**

材料（作りやすい分量）

黄桃缶詰（半割）　3 〜 4 切れ（250g）
　▶フードプロセッサーで粗く刻む　a
セモリナ粉（スージー粉）　1/2 カップ
　▶カリッとするまで 5 分乾煎りする
ココナッツファイン　大さじ 2
カルダモン（ホール）　2 個
　▶さやをはずし、種をつぶす
グラニュー糖（または上白糖）　1/2 カップ
塩　1 つまみ
ギー → p12　大さじ 2
熱湯　200mℓ
A
　サフラン　少々
　熱湯　小さじ 2
　▶熱湯に浸けて
　　色を出しておく　b

作り方

1. フッ素樹脂加工のフライパンにギーを入れて中火で熱し、溶けたらセモリナ粉を加えて弱火にして、ほぐしながら香りが出るまで 4 分炒める。

2. カルダモンを加えて強火にし、熱湯を一気に加えて、さっと混ぜたらすぐにふたをし、そのまま30秒加熱する。c

3. A を加えて中火にし、混ぜながら 2 分炒める。

4. 黄桃を加え、2 分炒める。

5. ココナッツファイン、砂糖、塩を加え、1 分炒める。

6. ギー適量（分量外）を塗ったバットに移して平らにならし、そのままおいて粗熱をとり、好みの大きさに切り目を入れる。

包丁で切るよりも食感がよい。

色づけのために使用する。

完全に混ぜきらなくてよいので、すぐにふたをする。

香取薫

インド・スパイス料理研究家
キッチンスタジオ ペイズリー 主宰

1985年、ボランティアに訪れたインドでスパイスを使った料理に魅せられ、インド料理の研究を本格的に開始。インド各地を渡り歩き、現地の主婦たちから本場の家庭料理を習った。1992年、東京・三鷹市で料理教室をスタート。これまでに2000人を超える生徒が受講し、数多くのカレー店主、料理インストラクターを輩出してきた。ポリシーは日本の気候や、日本人の味覚に合う、健康的なスパイス使い。スパイスの普及とインド文化の紹介に、日々取り組んでいる。著書に『5つのスパイスだけで作れる！ はじめてのインド家庭料理』（講談社）、『家庭で作れる南インドのカレーとスパイス料理』（河出書房新社）、『薫るスパイスレシピ』（山と溪谷社）など多数。

キッチンスタジオ ペイズリー　https://www.curry-spice.jp

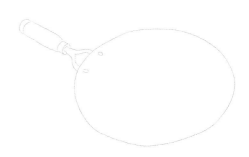

本格カレーとビリヤニ 最速レシピ

調理補助　富塚紀子　石原佳子　小神野彩子
　　　　　有光友美　永田裕一
撮影　鈴木静華
スタイリング　佐々木カナコ
デザイン　野本奈保子（ノモグラム）
イラスト　いしいのりえ
校閲　泉敏子　河野久美子
編集　小田真一

撮影協力　UTUWA

著　者　香取薫
編集人　束田卓郎
発行人　倉次辰男
発行所　株式会社主婦と生活社
　　　　〒104-8357 東京都中央区京橋 3-5-7
　　　　［編集部］☎ 03-3563-5129
　　　　［販売部］☎ 03-3563-5121
　　　　［生産部］☎ 03-3563-5125
　　　　https://www.shufu.co.jp
製版所　東京カラーフォト・プロセス株式会社
印刷所　共同印刷株式会社
製本所　株式会社若林製本工場

ISBN978-4-391-15591-4

読者アンケートにご協力ください

この度はお買い上げいただきありがとうございました。『本格カレーとビリヤニ 最速レシピ』はいかがだったでしょうか？　よろしければ上の QR コードからアンケートにお答えください。今後のより良い本作りに活用させていただきます。所要時間は 5 分ほどです。
＊このアンケートは編集作業の参考にするもので、ほかの目的では使用しません。詳しくは当社のプライバシーポリシー (https://www.shufu.co.jp/privacy/) をご覧ください。